부정적 사고를 버리고
유쾌하게 일에 빠지는 법 60

부정적 사고를 버리고

유쾌하게 일에 빠지는 법 60

페터 F. 키나우어 지음 · 유영미 옮김

🌱 나무생각

의욕이 넘치는 직원들이
바로 성공의 열쇠

기업에서 가장 중요한 자원은 의심할 바 없이 그 기업에 고용된 직원들이다. 그들은 기업의 엔진 오일 같은 존재다. 오일이 없으면 엔진이 정지하는 것처럼, 의욕적인 직원들이 없으면 기업은 실패할 수밖에 없다. 의욕이 없는 직원들은 잘 아프고, 실수가 더 많고, 동료들 사이에 불신을 야기시켜 직장 분위기를 흐려놓는다. 그로써 발생하는 비용 손실은 어마어마하다.

반대로 의욕이 넘치는 직원이 많은 기업은 나날이 발전한다. 슈퍼마켓 카운터의 계산원이건, 생산업체의 보조 인력이건, 증권회사 임원이건 간에 상관없이 그들은 조직을 키우는 데 큰 역할을 한다. 그들이 가진 유쾌함, 창의성, 일에 대한 열정은 전염성이 강해서 자신뿐만 아니라 동료들까지 자극하여 생각지도 못했던 재능과 능력을 발휘하게 만든다.

그렇다면 직원들의 의욕을 어떻게 북돋울 수 있을까? 직원 하나
하나가 최고의 능력을 발휘하도록 만들기 위해 기업은 어떤 조치를
취할 수 있을까?

　　우선 집고 넘어갈 것은, 연봉의 많고 적음은 큰 영향을 주지 않는
다는 점이다. 재미없고 무의미한 일을 하고 있다는 느낌이 들거나,
발전 없이 정체되어 있다는 생각이 든다면 월급을 많이 받아도 의욕
이 나지 않는다. 그렇다면 무엇이 중요할까?

　　페터 F. 키나우어는 《부정적 사고를 버리고 유쾌하게 일에 빠지
는 법 60》에서 사장님에서부터 신입사원에 이르기까지 조직의 모든
구성원이 일터의 분위기를 개선하여 유쾌하게 일할 수 있는 많은 제
안과 조언을 하고 있다.

　　나는 '유쾌하게 일에 빠지는 60가지 조언' 중 한 가지를 특히 강

조하고 싶다. 개인적으로 관심 있는 주제이며, 다른 조언들을 포괄하는 주제이기 때문이다. 그것은 직원들을 인간적으로 대하라는 것이다. 직원을 노동력으로만 보지 않고, 인간적으로 관심을 가지고 시간을 내어 그들과 대화를 나누고, 그들의 의견을 듣는 것이다. 나이든 직원들을 대함에 있어 이런 태도는 특히 중요하다. 나이 지긋한 직원들이 '퇴물' 취급을 받아서는 안 된다. 오히려 그들의 경험을 존중하는 태도가 필요하다. 내 경험에 따르면 어느 조직이든 최상의 팀은 나이든 직원과 젊은 직원들이 어우러져, 서로를 보완하는 팀이다.

한 설문조사에서 기업의 경영자들에게 가장 중요하게 생각하는 것이 무엇인지를 물었더니, 제일 먼저 화목한 가정(89%)을 꼽았고, 두 번째 유쾌한 직장 분위기(81%), 세 번째 직원들의 의욕(73%)을 꼽았다. 이런 결과는 기업에서 인간적인 요소가 얼마나 중요한지를 보여준다.

의욕적인 직원은 모두에게 이익이 된다. 나는 그것을 기업을 경영하면서, 정당 조직과 경제부를 이끌면서 경험하였다. 좋은 상품과 미래를 내다보는 전략뿐만이 아니라 적극적인 직원들 덕분에 최고의 성과를 거두고, 세계적으로 뻗어 나가는 많은 기업에서 목격하였다.

— 크리스토프 라이틀 박사(오스트리아 경제부 장관)

일하는 것이 즐겁다?

일요일 저녁 8시. 내일 아침이면 또다시 한 주를 시작해야 한다고 생각하니 마음 한구석이 몹시 무겁다.

한 연구 결과에 따르면 독일과 오스트리아 직장인의 90퍼센트가 자신이 소속된 기업이나 직장에 진정한 책임감을 느끼지 못한다고 한다. 70퍼센트가 '규정에 따라 일'할 뿐이고, 20퍼센트는 직장이나 일에 열정이 조금도 없다고 한다(갤럽). 이것은 충격적인 사실이다. 독일의 경우 의욕 없는 직원들로 인한 연간 경제적 손실액이 5백억 유로에 해당하는 것으로 추산된다(쾰른 대학의 연구 자료).

그렇다면 우리는 왜 일에 흥미를 갖지 못하는 걸까? 직업을 잘못 선택한 걸까? 상사가 의욕을 북돋우기는커녕 계속 스트레스만 주기 때문일까? 동료들이 웃지도 않고 시큰둥하게 일하기 때문일까? 회사가 추구하는 목표는 알지도 못하고, 우리가 무엇을 위해 일하는지, 경영진이 원하는 것이 무엇인지 몰라서 그럴까? 아니면 일은 원래가 재미가 없는 것이라서일까?

그런데 우리 주위에는 일에 기쁨을 느끼는 사람들도 많이 있다. 어떤 사람은 저녁에 시계를 보다가 어느새 하루가 쏜살같이 지나가 버렸음에 놀란다. 유쾌하게 일하는 사람은 시계 볼 시간도 없다. 의기소침과 불평 불만처럼 재미와 기쁨 역시 다른 사람들에게로 쉽게 전염된다. 늘 화가 나 있고 저기압인 아버지가 가족의 분위기를 망가뜨리는 것처럼, 항상 신나고 재미있게 일하는 동료와 함께 있으면 직장생활이 즐거워진다.

요즘 아이들은 음악을 듣거나 노래를 하면서 공부를 한다. 부모들은 노는 것 같아 도무지 이해를 못하지만 음악을 들으면서 공부를 하면 집중이 더 잘 된다는 아이들이 많다. 공부뿐만이 아니다. 회사 분위기가 좋고 능률이 높은 사업장일수록 음악이나 라디오 방송을 틀어주는 경우가 많았다.

유쾌하게 일하는 것은 개인과 기업의 가장 중요한 성공 요소 중 하나이다. 재미있게 일하면 창의성과 생산성이 증가되고, 아울러 직원들의 사기와 만족도도 올라가는 한편, 질병에 걸리는 비율도 뚜렷이 감소된다고 한다. 고객 만족 등 덤으로 따라오는 긍정적인 효과는 언급할 필요도 없을 것이다. 고객의 입장에서 눈만 마주쳐도 기분이 나빠지는 사람보다 기분 좋고 유쾌한 사람에게서 물건을 사고 싶은 건 당연한 일이다.

나는 이 책에서 우리가 왜 그리도 일하러 가기가 싫은지에 대한 어떤 학문적인 연구들을 들이대지는 않을 것이다. 일하고 싶게 만들고, 서비스를 정말로 가치 있게 만들고, 기업을 성공으로 이끄는 건 바로 '사람'이라는 사실을 오래전부터 알고 있기 때문이다.

그래서 이 책에서는 재미있고 기분 좋게 일하고, 유쾌하게 성공할 수 있는 여러 조언과 실천방안들을 제안할 것이다. 이 제안들이 매우 도움이 되리라고 확신한다! 결국 우리는 인생의 많은 시간을 일터에서 보내기 때문이다.

재미있게 읽고 성공적으로 적용하기를 바라마지 않는다!

CONTENTS

웃어라, 그러면 세상도 웃어줄 것이다

잘 지내시죠? 잘 지낸다고요? 아주 잘 지낸다고요? 아니면 그냥 저냥? 별로? 못 지낸다고요? 완전 죽을 맛이라고요?

수백만의 사람들이 매일 아침 꿀꿀한 기분으로 집을 나선다. 그리고 저녁이면 썩 훌륭하지 않은 하루를 뒤로 한 채 찜찜한 기분으로 집으로 돌아온다.

많은 사람들이 이런 악순환 속에서 살아가고 있다. 매일 매일 다람쥐 쳇바퀴를 도는 듯한 삶. 그러니 일요일 저녁이면 다음 주말까지 또 어떻게 견딜까 하는 생각이 드는 것도 당연한 일이다.

당신도 그런가? 그렇다면 의욕을 높이기 위한 첫 걸음을 내딛기에 적절한 때이다.

"웃으면 건강해진다!"고들 한다. 미소 짓고 큰 소리를 내어 웃는 것은 면역체계에 긍정적인 영향을 미치고 치료 과정을 촉진시킨다는 과학적인 사실은 이미 여러 매체를 통해 소개되었다.

- 미소와 웃음을 통해 뇌에서 행복 호르몬이라 불리는 엔도르핀이 분비된다. 그리하여 기분이 한결 좋아진다.
- 여성은 남성보다 평균 8배 더 자주 웃는다고 한다. 흥미로운 것은 여성의 수명이 남성보다 8년 더 길다는 것이다!
- 미소는 사람들의 마음을 열고 호감을 준다. 우리는 웃는 사람을 더 좋아하고, 더 신뢰하지 않는가.
- 소리 없는 미소도 들린다! 상대방은 당신의 목소리만 들어도 미소 짓고 있는지 아닌지를 느낀다. 그러므로 통화 중에도 미소를 지어라.
- 직원들이 미소를 지으면 그 기업은 성공할 확률이 높아진다.

실천방안

매일 아침 일하러 가기 전에 거울 앞에 서서 자신을 향해 진심으로 활짝 웃어주자. 그리고 오늘 당신 앞에 아주 좋은 날이 준비되어 있다고 말하라.

입가에 미소를 머금고 직장에 발을 디디자. 이어 동료들과 상사, 아랫사람들에게 기쁘고 진심어린 아침 인사를 건네자.

고객을 상대한다면 고객들에게 미소를 지어라. 병원에서 일한다면 당신의 밝은 미소는 환자들과 간호에 지친 가족들에게 큰 치료제가 될 것이다. 거리에서 스치는 사람들에게 미소를 보내라. 당신은 그에게 기분 좋은 하루를 선물할 수도 있다. 이런 연습을 통해 언제나 미소를 머금고 있다면 인생도 화답의 미소를 지어줄 것이다!

어린이들은 하루에 150번 이상 웃는다고 한다. 반면 성인들은 많아야 15번 웃는다고 한다. 미소를 짓는 데는 10개의 근육만 있으면 된다. 반면 언짢은 표정을 짓는 데는 100개의 근육을 동원해야 한다. 많은 근육을 동원하면서 자신을 혹사시킬 필요가 있겠는가?

저녁에 집으로 돌아가서도 거울을 보고 자신에게 미소 짓는 것을 잊지 말자! 그리고 간혹 한 번씩 당신 자신을 웃음의 소재로 만들어라. 웃기는 머리 스타일, 방금 했던 실언이나 방금 당했던 나쁜 일 등 주위 사람들을 웃게 만들 일은 많다. 이런 행동은 당신을 더욱 호감 가는 사람으로 만들고, 인간적으로 보이게 한다.

동료와 인간적 관심을 나누자

불행을 느끼는 원인은 다양하다. 사랑하는 사람이 병들었는데 도울 방법도 없고 그저 무력하게 바라볼 수밖에 없다든지, 자신이 병이 들어 다시 건강해지리라는 희망을 포기한 상태라든지, 사랑하는 사람과 이별을 했다든지, 새로운 환경에 적응하지 못하고 자괴감에 빠져 있다든지, 옮긴 부서나 회사에서 외톨이가 되어 의욕 상실에 빠져 있다든지……

그런 삶의 위기 가운데 있다면 일에서도 100퍼센트 능력을 발휘할 수가 없다. 그런 상태에서는 그 누구와도 터놓고 대화할 수 없는 경우가 많다. 직장 동료들은 당신이 어떻게 지내는지, 어떤 일을 겪고 있는지 알지 못한다. 설상가상으로 업무를 제대로 처리하지 못한다며 조소를 보내고, 때로는 심한 망신을 줄 수도 있다. 나쁜 의도는 아니겠지만, 이런 행동은 무관심에서 비롯된 것이다.

바로 옆에 앉아 있거나 책상을 맞대고 일하면서도 동료가 힘들어하고 있다는 것을 알아채지 못한다.

테스트

누군가 당신의 사무실을 찾아와 당신 혹은 동료들과 시간을 보내다가 떠났다고 하자. 이제 사무실을 나간 사람이 어떤 옷을 입고 있었는지 떠올려보라. 그 사람이 여자였다면 머리 스타일을 떠올려보고, 손톱에 매니큐어를 발랐는지 기억해 보라. 그런 것들이 떠오르지 않는 경우가 대부분일 것이다.

이제 주변의 누군가가 심리적으로 좋지 않은 상태라고 상상해보자. 가까운 동료의 모습에 주목하지 않는다면 오늘 그의 상태가 어떤지 어떻게 알겠는가?

실천방안

습관적으로 직장 동료와 주변 사람들에게 관심을 갖고자 노력하

라. 그들이 잘 지내지 못한다는 느낌이 들면 도움이 필요한지 물어보라.

많은 사람들은 누군가가 자신의 말을 들어주고, 속에 있는 문제를 털어놓을 수만 있어도 위로를 받는다. 그들은 어떤 해결책을 기대하지도 않는다. 다만 털어놓고 이야기하고 싶을 뿐이다.

무엇 때문에 괴로운지 도무지 이야기하지 않는 사람들도 있을 수 있다. 그러나 이들 역시 당신이 자신에게 진심어린 관심을 보여준다는 사실만으로도 위안을 받는다.

관심을 가지고 동료들에게 다가가라. 인간적 관심을 함께 나누는 동료와 일하는 게 기쁨이 된다는 것을 경험하게 될 것이다.

스마일 시합

몇 달 전에 회사를 경영하는 기업가들 앞에서 '유쾌하게 일에 빠지는 법'이라는 제목으로 강연을 했다. 강연에 참석한 청중들은 일생 동안 목표를 이루고자 아주 열심히 일해 온 사람들이었지만, 일에서 재미까지 고려하겠다는 생각은 미처 하지 못했던 사람들이었다. 재미, 기쁨, 유머는 그들에게 그리 비중을 차지하지 못하는 것들이었다.

나는 단상에 서서 기대로 가득한 얼굴들을 내려다보았다. 사람들은 거기에 앉아 무언의 표정으로 '재미와 성공은 함께 갈 수 없다는 걸 이미 알고 있거든.'이라고 말하고 있었다. 그들의 눈이 내게로 향하는 순간 나는 원론적인 이야기로는 여기서 점수를 딸 수가 없다는 것을 알았다.

나는 즉석에서 강연 내용을 바꿔 내가 일상에서 실천하는 것들에 대해 이야기해야겠다고 생각했다. 그래서 나는 먼저 여러 기업들이 직원들이 유쾌하게 일할 수 있도록 구체적으로 어떤 방법들을 실천하고 있는지 이야기했다.

그날 소개했던 많은 예 중 여기서는 '스마일 시합'을 소개하고 싶다. 사무실에서 일하건, 병원에서 일하건, 제조업체에서 일하건, 상점에서 일하건, 카센타에서 일하건, 외식업소나 호텔에서 일하건 이 방법은 어디서나 통하기 때문이다.

실천방안

옷에 꽂도록 되어 있는 스마일 배지를 직원 한 사람당 10개씩 준비하고, 직원들에게 우선은 5개를 나누어 준다.

규칙은 다음과 같다. 동료나 상사가 특히 친절하게 도와줄 때 감사의 표시로 스마일 배지를 건넨다. 받은 사람은 다른 사람들이

볼 수 있도록 스마일 배지를 옷에 달고 다녀야 한다. 고객에게 특히 친절하고 관심을 보여준 사람에게도 스마일 배지를 준다. 병원이라면 환자들에게 친절한 의사와 간호사에게 건넬 수 있을 것이다.

　이제 모두들 스마일 배지를 더 많이 받으려고 노력하게 될 것이다. 자신이 받은 5개의 스마일 배지를 다른 사람에게 모두 준 사람은 5개를 새로 받으면 된다.

　　☺ 주의 : 스마일 시합은 일시적으로만 실시하면 효과가 없다. 이 방법은 장
　　　　기적으로 가야 효과를 발휘할 수 있다.

동료의 존재부터 인정하라

자동차 사고로 심하게 부상당한 남자가 작은 병원의 응급실에 실려왔다. 그는 모처럼 양복을 차려입고 일요일 박람회에 가던 농부 쯤으로 보였다. 뺨이 푹 꺼진 마른 얼굴은 몹시 창백했고 피로 얼룩져 있었다. 그러나 의식은 온전했다. 하지만 의사들과 간호사들은 그를 주목하지 않고 빠른 발걸음으로 스쳐 지나갔다. 때로 누군가가 그를 흘끔 쳐다보았지만 역시 다른 곳으로 발길을 옮겼다.

그 남자는 절망적으로 사람들의 주목을 끌려고 했지만 심하게 다쳐서 움직일 수도, 소리를 지를 수도 없었다. 그는 '이제 여기 이들것에서 생을 마치게 되겠구나.' 하고 절망했다. 그 때 또 한 명의 의사가 지나갔다. 그러나 그 의사는 다행히도 그 남자 곁에 멈추어

섰고 그의 창백하고 피로 얼룩진 얼굴을 자세히 들여다보더니 "오, 맙소사!" 하고 소리쳤다. 이 순간부터 모든 것이 실타래처럼 빠르게 풀려 나갔다. 몇 분 안에 구조헬기가 도착했고, 남자는 빈의 종합 병원으로 이송되었다. 그렇게 그 남자는 마지막 순간에 응급조치를 통해 생명을 구할 수 있었다.

대체 이 사람이 누구였길래, 이토록 신속한 조치가 이루어졌을까? 그는 당시 오스트리아의 의사협회장이었던 리햐르트 피아티 박사였다. 훈장을 받기 위해 검은 양복을 입고 빈으로 가던 중, 기사가 몰던 차가 얼음이 언 도로에서 미끄러지며 사고를 당해 가까운 병원으로 이송되었던 것이다.

"나는 그곳에서 고통 가운데 간신히 생명의 끈을 부여잡고 있는 무명의 한 인간이 느끼는 절망을 절절히 경험했다. 마치 보이지 않는 공기인 것처럼 의사들은 나를 스쳐 지나갔다. 이런 경험은 나를 매우 우울하게 하지만 이 경험을 통해 깨달은 바가 많다."

사고를 당한 지 3년 후 그는 내게 그렇게 이야기했다.

이 일이 근 20년 전의 일이고 지금은 많이 변하지 않았느냐고 묻겠는가? 정말 그럴까? 아니면 그렇기를 바라는 것인가?

외식업체나 서점, 백화점 같은 다른 분야에서는 어떨까? 휴대전화 매장이나 스포츠용품점에 들어가 상품을 둘러볼 때 어떤 기분인가? 출장 때 들렀던 호텔이나 휴가 때 머물렀던 펜션에서 어떤 대접을 받았는가? 공항이나 비행기에서 어떤 경험을 했는가? 모든 것이 환상적이었는가, 아니면 몇 가지 아쉬운 점이 있었는가? 판매원이 당신은 보는 둥 마는 둥 하면서 단골손님만 아는 체 해서 기분이 상했던 경험은 누구나 갖고 있을 것이다.

그럼, 당신이 일하는 곳은 어떤가? 모든 것이 최상의 상태인가? 그곳에서 어떤 일이 일어나고 있는지 살펴보라. 당신이 책임 맡은 곳에서는 사람들을 어떻게 대하는가?

사람은 누구나 자신의 이름이 불려지기를 원한다. 존재를 인정받음으로써 자존감을 느낀다. 자존감이 상실된 상태에서는 그 어떤 치료나 보상도 효과를 보지 못한다. 이것은 오래된 지혜다. 간호사와 의사들에게 시선을 던져보라. 그들의 의료적인 처치 능력뿐 아니라 그들이 환자를 어떻게 대하는지 관찰하라. 전문적인 능력은 탁월할지 몰라도 무뚝뚝하고, 거리를 두며, 마지못해서 환자들을 대하고 있지는 않은가? 그들의 사명은 몸과 마음이 아프고 절망에 빠진 사람들을 돌보는 것이다.

당신의 조직을 살펴본 결과 두루두루 만족스럽다면 축하를 전하는 바이다. 하지만 현재 상태가 그리 만족스럽지 않은 사람들이 대다수일 것이다. 그러나 당신이 기억해야 할 것이 있다. 생선도 언제나 머리부터 냄새가 나기 시작한다는 것!

그러므로 리더들이 조직의 중요한 자산인 직원들을 어떻게 대하는지 돌아볼 필요가 있다. 당신이 당신의 직원이 된다면 어떻겠는가? 의욕에 넘쳐 신나게 일할 것인가, 아니면 머릿속으로 계속 다른 출구를 찾고 있겠는가? 당신이 당신 밑에서 과장 의사로 일한다면 행복하겠는가?

기업과 조직의 성공 비결은 바로 의욕에 넘치는 직원들이다. 그리고 이들의 의욕을 북돋우는 다양한 방법들은 분명 있다. 하지만 나에게는 동기 부여가 되는 것이 다른 사람에게는 똑같은 효과를 자아내지 않는다는 것을 우리는 경험했다. 상황에 따라서는 동료들에게 동기 부여가 되는 것이 반대로 나에게는 걸림돌이 될 수도 있다.

인간의 욕구를 5단계로 배열해 놓은 매슬로의 욕구 피라미드가 있다. 매슬로는 인간의 욕구를 생리적 욕구, 안전의 욕구, 소속감과 사랑의 욕구, 존경의 욕구, 자아실현의 욕구로 구분했다. 앞쪽에 있는 것이 가장 하위 단계이고 뒷쪽으로 갈수록 상위 단계인데, 매슬로에 따르면 기본적인 욕구가 충족될수록 인간은 자아실현을 위해 노력하게 된다.

그러나 오늘날 이것은 오히려 반대가 되었다. 많은 사람들이 자아실현의 욕구를 가장 강하게 느끼고, 그리고 나서 나머지 욕구들이 온다. 그래서 나중에 소망을 이룰 수 있다면 우선은 궁핍을 감수할 준비가 되어 있다. 몇 달간 식비를 아껴 해외로 휴가를 떠나거나 갖고 싶었던 것을 사겠다는 계획을 세운다.

예나 지금이나 오로지 성공과 부의 축적에 집착하는 사람들도 많지만, 그와 반대되는 경향도 나타나고 있다. 가치를 중심에 두는 사람들이 늘고 있는 것이다. 점점 더 많은 사람들이 연봉의 높고 낮음이 아니라 현재의 직업이 그들을 내적으로 충족시켜주지 못하고, 더 이상 흥미를 불러일으키지 않기에 일을 포기하고 있다. 나이와 사회적 지위에 무관하게 적잖은 사람들이 그로 인한 재정적인 손실을 감수하고 있는 것이다.

실천방안

직원들을 인간 대 인간으로 대우하라. 그들은 일을 수행하는 기계나 회사의 부속품이 아니라 함께 가치를 창조해 가는 사람들이다. 그러므로 업무를 수행하는 기계로서가 아니라 인간으로서 그들을 대하라.

탁월한 능력을 발휘했을 때만 칭찬하지 말라. 당신도 잘 알겠지만, 이런 성과는 아주 드물게 나타난다. 그들에게 관심을 가지면 매일 매일 눈에 띄지 않게 행해지는 작은 일들이 보일 것이다. 그에 대해 언급하라. 칭찬은 아무리 많이 들어도 듣기 좋은 법이다!

또한 의식적으로 "고맙습니다", "수고해줘요"라는 말을 하라. 당연한 것 같아 보이는 일에도 감사를 표현하라.

'Fun Meeting'을 소집하라

　　동기 부여를 주제로 한 세미나와 연수는 몇 년 전부터 인기를 끌고 있다. 나 역시 이런 세미나를 많이 주재해 왔다. 세미나를 열 때마다 참가자들은 아주 열광했다. 그러나 세미나를 마칠 때면 으레 이런 말들이 나왔다.

　　"우리가 여기 와서 좋은 얘기 들으면 뭐합니까. 바뀌는 건 아무것도 없어요. 중요한 건 우리가 아니라 우리 상사들이 여기 와 있어야 한다고요! 그들이 모든 것을 방해하고 막는 장본인들이니까."

　　이미 말했듯이 적극적인 직원들은 기업을 성공으로 이끄는 필수 불가결한 전제다. 하지만 한때 의욕이 넘쳤던 직원들도 평생 그 상태를 유지하지는 못한다. 시간이 가면서 일에 대한 기쁨은 사그라들고, 열정을 송두리째 잃어버리기도 한다.

결심은 잊혀지고 새로운 아이디어는 상사들에게 거절당한다. 그러다 보면 "뭐 별 수 있겠어? 지금까지 해온 대로 그냥 저냥 가는 수밖에……."라는 생각만 든다. 그런 태도로 일하는 것은 회사도 직원도 행복하지 않다.

실천방안

지금 당장 '유쾌하게 일하기'라는 주제로 회의를 소집하라. 모든 직원이 참석해야 한다. 한 부서의 모든 구성원들, 회사가 크지 않다면 전 직원이 함께할수록 좋다.

회의는 최대 2시간 정도 진행될 수 있다. 직원들이 다 모이면 더 재미있게 일하기 위해 무엇을 바꿀 수 있는지를 적어서 내도록 한다. 그리고 하나씩 읽고 직원들의 반응을 본다.

어떤 사람은 아랫사람들의 아침 인사에 상사가 답을 해줬으면 좋겠다고 말한다. 어떤 사람은 개인적인 사진을 벽에 걸거나 책상에 세워놓을 수 있기를 바란다. 어떤 사람은 사무실 문에 이름표를 걸자고 할 것이고, 어떤 사람은 사무실에서 예쁜 식물을 키웠으면 할 것이다. 또 다른 사람은 복장 규제를 좀 완화시켜줬으면 할 것이다.

회의를 하고 나면 직원들의 다양한 의견에 깜짝 놀랄 것이다. 일상을 유쾌하게 만드는 것은 커다란 일들이 아니다. 오히려 아주 작고 하찮은 일들이 사람들의 마음을 즐겁게 만든다. 그리고 직원들의 의욕을 높이고 분위기를 바꿀 수 있는 작은 소망들은 참으로 많다.

직원들의 제안을 실천에 옮겨보자. 특히 모두가 원하는 것은 미루거나 무시해서는 안 될 것이다. 의욕에 넘치는 직원들이 보여줄 성과가 그런 노력들을 보상해 줄 것이다.

고객의 전화에 감사하라

갈수록 다양하고 전문화된 상품들이 나오면서 시장은 점점 더 완벽해지고 있다. 그러다 보니 오늘날 고객은 왕을 넘어 전제 군주가 되었다. 고객이 원하는 것에 무조건 부응하지 않으면 살아남을 수 없다.

요즘은 점점 많은 소비자들이 인터넷 구매를 선호하고 있는데 상품은 무궁무진한데 그것을 다 발품 팔아서 비교하기에 현대인은 너무도 바쁘기 때문이다. 그런 면에서 인터넷은 참 편리한 유통 수단이다. 비교 가능성도 무궁무진하다. 자동차, 여행 상품, 공연 티켓, 가전제품, 가구, 공구에서 속옷까지 인터넷으로 구매할 수 없는 것은 거의 없다. 그래서 소비자의 욕구, 즉 다양한 상품과 저렴한 가격, 빠른 배송에 맞추지 못하는 기업은 자연 도태되고 만다.

그럼에도 (다행히) 통화를 하거나 직접 얼굴을 맞댈 수 있는 고객들도 있다. 개인적인 대화와 상담을 우선시하는 고객들이다. 이런 고객들에게는 친절과 배려와 서비스로 점수를 딸 수 있다. 그러므로 고객이 전화를 하거나 방문하는 것을 기뻐하라!

어떤 분야든 고객과의 접촉을 귀찮은 일로 여기면 결코 성공할 수 없다. 고객, 환자, 혹은 대화 파트너의 필요와 소망을 채우는 것에 재미와 사명감을 느껴야 한다.

고객과의 대화를 기뻐하라. 고객이 인터넷을 통해 다른 업체로 가버리지 않았다는 사실을 기뻐하라.

실천방안

전화를 걸거나 방문하는 모든 고객에게, 당신은 언제든 그들과 함께 대화할 마음이 있으며, 그들의 문제를 해결하고 도와주는 것을 좋아하고 기뻐한다는 사실을 알게 하라.

앞에서 제안했듯이 전화벨이 울리면 일단 미소부터 지어라. 미소는 전화선 너머까지 들린다! 목소리를 높이고 즐겁게 인사를 하고, 어떤 도움이 필요한지 물어라. 그리고 전화를 건 모든 사람들을 반드시 감동시키겠다고 마음먹어라. 고객이 불평하거나 항의할지라도 말이다.

그가 아주 중요한 사람이라는 인상을 심어주는 것이 좋다. 그러려면 그의 관심사에 100퍼센트 집중하라. 호텔 리셉션에서 일하든, 카페, 가게, 사무실, 병원, 또는 공장에서 일하든 그것은 중요하지 않다. 당신 앞에 선 고객은 그저 문의만 하는지도 모른다. 또는 뭔가를 사려고 왔는지도 모른다. 어떤 상황에서든 고객의 문제를 해결하는 데 마음을 다 하라.

어느 순간 당신은 고객의 마음을 읽는 데 도사가 되어 있을 것이다. 그럼으로써 그들의 마음을 움직여 구매로 연결시킬 수 있다.

부정적인 사고를 버려라

때로는 경영진이 당신의 업무에 걸림돌이 된다. 그들은 늘 "그래 좋은 생각이야. 하지만……"이라고 말한다. 수년 전부터, 때로는 수십 년 전부터 조직은 그렇게 굴러왔고, 더 이상 어떤 변화의 필요성을 느끼지 못하는 분위기다.

"계속 이렇게 해왔어. 그리고 그럭저럭 잘 되어 왔지. 그런데 왜 뭔가를 변화시켜야 하지?"

그들은 어떻게 하면 고객이 우리를 찾아오는 걸 더욱 즐거워할까를 생각하지 않았다. 물론 고객은 좋은 상품을 가지고 있으면 흔쾌히 찾아온다.

"맞아, 체험 마케팅 같은 것은 동물원이나 휘트니스 클럽, 스키장

같은 곳에서나 제공하는 거야."

실천방안

　안주하지 말라! 나중에 구석에 찌그러져서 다른 사람들이 잘나가는 것을 부러워하는 것은 소용없는 일이다. 고정관념을 버리고 직원들과 힘을 합쳐 아이디어를 찾아라. 당신의 직원들은 많은 긍정적인 아이디어를 가지고 있을 것이다(첫 걸음을 내딛기가 어려울 것이다. 하지만 이 책에는 성공적으로 실천에 옮길 수 있는 많은 아이디어와 조언이 실려 있다). 이것은 이래서 안 되고, 저것은 저래서 안 된다는 부정적인 사고에 매달려 있지 말라!

실패는 성공을 부른다

실수가 하얀 조끼 위의 검은 얼룩처럼 여겨지는 기업에서 일하고 있는가? 실수를 하면 해고당하거나, 거기까지는 아니어도 웃음거리가 되고 무시당하고 진급에 불이익을 당하는 분위기인가?

이런 회사에서는 아무런 시도도 할 수 없다. GE 사의 회장이었던 잭 웰치는 이렇게 말했다.

"나는 실수로 인해 힘들어하는 사람들을 포상하면서 실수를 독려했다. 그들이 회사에 활기를 불어넣었기 때문이다. 실패 때문에 불이익을 당하면 그 누구도 더 이상 새로운 것에 도전하지 않는다."

실천방안

직원들이 계속 새로운 아이디어를 내고 일에 재미를 느끼기를 원한다면 우선 실수와 실패에 대한 생각을 바꿔야 한다!

사람이 하는 일은 언제나 순조롭게 진행되지는 않는다. 그리고 그 누구보다 실패한 사람이 화가 나고, 가장 많이 실망한다. 따라서 그에게 잘못을 물어서는 안 된다. 그런다고 실패를 되돌릴 수 있는 것도 아니다. 당신과 동료들이 이 실패에서 무엇을 배울 수 있을 것인지를 묻는 것이 더 낫다.

인류의 역사에서 실패는 언제나 진보에 이르는 왕도가 되었다. 역사는 실패와 실수와 위기로부터 긍정을 깨달았던 사람과 기업의 성공 스토리로 가득 차 있다.

크리스티안 바나드 박사는 1967년 12월 3일 최초로 심장 이식 수술을 시행했고, 이식수술을 받은 환자는 수술 후 18일 만에 죽었다. 하지만 그것이 첫걸음이 되어 요즘은 낯선 장기를 이식받고도 몇 십 년간 거의 정상적인 삶을 사는 사람들이 많다. 반도체 산업도 그랬다. 몇 년 전 잘못된 칩 하나가 인텔 사에 1억 달러의 손해를 안겨주었다. 하지만 그 사건이 없었다면 앞으로 나아가지 못했을 것이다. 많은 제약사들은 지난 수십 년간 암이나 에이즈를 극복하기 위한 의약품 개발에 어마어마한 투자를 하였다. 오늘날까지 완전한 치료는 가능하지 않지만 개발된 의약품은 고통을 줄이고, 생명을 연장시키고 있다.

마찬가지로 수많은 회사들이 통하지 않는 마케팅 정책과 광고에 수백억 원을 퍼부었다. 이들이 다 망해 버렸는가? 그렇지 않다! 이들은 실수와 실패로부터 배웠고, 실패는 성공을 약속하는 새로운 길로 들어서게 해주었다.

언제, 어디서나, 누구나 실수할 수 있다. 그러므로 직원들을 더욱 신뢰하라! 그러면 그들은 다시 자신감을 얻고, 실패는 생산적으로 이용될 것이며, 직원들은 더 여유롭고 기쁘게 일에 임할 수 있을 것이다.

직원을 주주처럼 대하라

얼마나 많은 시간을 고객의 불평과 요구를 처리하고, 고객의 기분에 맞추는 데 사용하는가? 대부분의 기업이 고객 서비스에 매일 많은 시간을 쏟고 있다. 회사의 성공을 좌우하고, 간접적으로 우리의 생계를 보장하는 것은 고객이기 때문이다.

그렇다면 직원들의 제안과 질문에는 어떻게 대처하는가? 진지하게 받아들이는가, 아니면 그들의 제안과 관심사를 책상의 가장 아래 서랍으로 밀어 넣어버리는가?

당신이 직원들을 존중하지 않으면 얼마 안 가 그들은 당신이 자신에게 했던 그대로 고객들을 대하고 있을 것이다. 막다른 길에 이르면 그 어떤 전략도 더 이상 통하지 않음을 기억하라.

직원들을 회사에 많은 돈을 투자하는 주주처럼 대하라. 어떤 의미에서 직원들은 정말로 주주와 같은 존재이다. 그들은 매일 매일 이성과 감성을 동원하여 일을 하고, 회사에 창의성과 열정과 노력을 투자하는 공동 출자자이다. 이 주주들이 없다면 당신의 회사는 곧 문을 닫아야 할 것이다.

직원들이 고객에게 관심과 흥미를 보이지 않으면 기업의 입장에서는 문제가 크다. 고객은 다른 기업을 이용하면 되고, 유능한 직원들은 새로운 기업으로 가버리면 그만이다. 더구나 그들은 당신의 단골손님들도 데리고 갈 것이다. 그런 사태를 원하지 않는다면 직원들을 주주처럼 대하려고 노력하라.

출신과 종교를 떠나 모든 사람을 존중하라

얼마 전에 나는 한 기업가를 만났다. 그는 여성 의류 생산업체를 경영하였는데, 상품 제조를 외국 공장에 위탁하고 있지 않았다. 나는 그와 함께 의류 공장을 방문했는데, 공장에는 150명이 넘는 여공들이 일하고 있었다. 여공들의 90퍼센트는 주로 터키 출신의 이민자들로 구성되어 있었다.

그런데 그는 입가에 미소를 머금고 연신 멈춰 서서 여공들에게 말을 걸었다. 그러면서 말을 걸 때는 일일이 여공의 이름을 불러주었다. 사실 독일인이 터키 식 이름을 외우는 것은 매우 어려운데, 그는 오랜 시간 익숙해진 듯 아주 자연스러웠다.

여공들의 반응도 인상적이었다. 이름이 불려진 여공은 수줍은 미소를 보냈고, 사장의 관심을 받는 것이 기쁜 표정이었다.

나는 그들의 모습에 매우 감동했다. 그런 유쾌하고 밝은 분위기는 정말로 오랜만에 경험하는 것이었다. 모든 여공들은 아주 즐겁게 일하는 것 같았다.

사무실로 돌아와 그에게 나의 소감을 전했다. 그러자 그는 "직원들이 나를 먹여살린다는 것을 아시잖아요. 내게는 그들이 어디 출신이냐, 어떤 종교를 가지고 있느냐는 중요하지 않아요. 모두가 열심히 일을 해주니까요. 그 덕에 나도 잘 지내고 있어요. 그러므로 직원들에게 합당한 대우를 해주는 것이 마땅하다고 생각해요."

당신은 어떠한가? 당신은 외국인 동료들을 어떻게 대하는가? 그들에게 관심을 보이는가? 그들과 마지막으로 대화를 나눈 것이 언제인가?

실천방안

출신이나 종교를 가리지 말고 함께 일하는 모든 사람을 존중하라. 동료를 존중하는 분위기는 조직의 단합을 이끌어 일의 기쁨과 노동의 질을 배로 높인다.

방법은 간단하다. 직원들에게 더 많은 관심을 갖기만 하면 된다.

그러면 그들에게서 이제까지 보지 못했던 흥미로운 장점들을 발견하게 될 것이다.

직원이나 동료들을 무신경하게 대하다가 갑자기 관심을 보이면 사람들은 처음에는 경계하는 태도를 보일 것이다. 당신의 태도가 갑자기 돌변한 것을 어떻게 해석해야 할지 몰라 좀 어리둥절할 수도 있다. 당신이 보이는 관심이 진심인지, 아니면 무슨 꿍꿍이속이 있는 것인지 두려워할 수도 있다.

그러나 당신은 정말로 흥미로운 한 사람, 한 사람을 알아가고자 하는 것이다. 그러므로 변화된 태도로 밀고 나가라. 이 일은 아주 가치가 있을 것이다!

회사 분위기를 테스트하라

　이제 당신은 직원들의 존재를 알게 되었다. 지금까지 오직 당신 혼자서 일을 해온 것 같겠지만, 그들이 없었다면 지금의 당신은 없었을 것이다. 앞으로 나아가는 일 또한 그들의 도움 없이는 시작할 수 없음도 알게 되었다.

　이제 본격적으로 즐거운 회사를 만들어보자. 먼저 눈과 귀를 열고 회사 혹은 부서의 분위기를 살펴라. 직원들을 관찰하라. 그들이 즐겁게 일하고 있는 것 같은가? 간혹 서로 웃음을 주고받고 때로 장난을 걸어 업무의 긴장을 풀기도 하는가? 만약 그렇지 않다면 당신과 조직은 심각한 상황에 처해 있다.

　유쾌하고 편안한 분위기일수록 사람들은 자유롭게 사고하고, 자신을 표현하고, 즉흥성을 발휘하고, 새로운 아이디어를 실천에 옮기며, 더 재미있고, 더 성공적으로 일할 수 있다. 당신은 그것을 원하지 않는가?

실천방안

조직의 분위기가 어떠한지를 진단하는 간단한 방법이 있다. 직원들에게 종이를 한 장씩 나누어 준 뒤 회사나 부서에 대해 가지고 있는 현재의 인상을 그림으로 표현하라고 부탁하라.

어떤 직원은 현재의 부정적인 느낌을 너무 강하게 반영하는 그림을 그렸다가 승진이나 업무 평가에 불이익을 당할까봐 망설일지도 모른다. 그러므로 현 상황을 진단하고 싶을 뿐이며, 어떤 그림을 그려도 아무도 불이익을 당하지 않게 될 것임을 강조하라.

직원들이 보여준 그림은 조직에 대한 만족도를 보여준다. 부정적인 특징을 보이는 그림이 소수라 해도 당신은 직원 한 사람, 한 사람과 면담을 통해 구체적인 원인을 파악하고 변화를 시도해야 할 것이다.

이 방법은 한 번만 하지 말고 6개월에 한 번씩 시행해 새로운 '분위기 바로미터'를 작성하도록 하라. 당신이나 직원들이 원하는 분위기는 한순간에 이루어지지 않는다. 다 함께 유쾌한 분위기를 만들기 위한 환경을 조성할 수 있도록 노력하고, 조금이라도 직원들이 재미있게 일할 수 있도록 하라. 사람들을 행복하게 해주는 것이 얼마나 작고 간단한 일인지는 이미 소개한 '펀 미팅(Fun-Meeting)'을 통해 알 수 있다.

있는 그대로의 당신을 보여라

43세의 직장인 마르쿠스는 에너지가 많이 필요한 일을 한다. 종일 자신을 가동시키다 보니 이제 서서히 '번 아웃 신드롬(burnout syndrome, 현대 사회에서 일어나는 '탈진 증후군'을 말하는데 오직 한 가지 일에만 몰두하던 사람이 신체적·정신적인 피로로 인해 무기력증이나 자기 혐오, 직무 거부 등의 현상이 일어나는 것이다–옮긴이)'에 시달리고 있다는 기분이 든다. 일에 대한 부담이 너무 커서 더 이상 여가 시간을 즐길 수 없으며, 저녁에 잠자리에 누울 때보다 잠을 자고 일어난 아침에 더 피곤을 느낀다. 밤낮을 가리지 않고 오로지 일 생각뿐이다. 설상가상으로 얼마 전부터는 미래에 대한 두려움이 엄습해 온다. 예전에 누렸던 여유로운 마음은 온데간데없이 사라지고, 서서히 건강도 염

려되기 시작했다.

이제 마르쿠스는 무엇을 해도 별로 즐겁지가 않다. 도무지 의욕이 없으며, 스트레스를 주는 업무와 사생활 사이에서 이리 저리 부대끼며 균형을 잡지 못하고 있다. 그러니 가족과의 관계도 좋을 리 없다.

마르쿠스를 가장 힘들게 하는 것은 직장에서 온종일 자신을 위장해야 한다는 것이다. 그는 진정한 자기 자신으로 살아가지 못하는 느낌이다. 어떤 때는 마치 연극 배우가 된 것 같은 기분이다. 그런데 자신의 문제와 상태를 감추는 것이 날이 갈수록 더 힘들어지고, 고립감마저 든다. 기분 좋고 태연한 척 해야 하는 것은 점점 더 부담으로 다가온다.

그러던 어느 날 마르쿠스는 일과 사생활 사이의 균형에 대한 이야기를 들었다. 자신의 이야기라는 생각이 들자 더 이상 미룰 수 없다는 결론을 내렸다. 그래서 주말을 전원 호텔에서 보내거나 일상에서 한걸음 떨어져서 조깅이나 수영 같은 스포츠를 통해 일에서 받는 스트레스는 바로 상쇄시키고자 노력했다.

그러나 그렇게 보낸 주말도 그의 상태를 변화시키지 못하는 것 같았다. 그리하여 그는 2주간 휴가를 내기에 이른다. 하지만 휴가를 통해 신체적으로는 원기를 회복하지만 정신적인 상태는 그다지 변

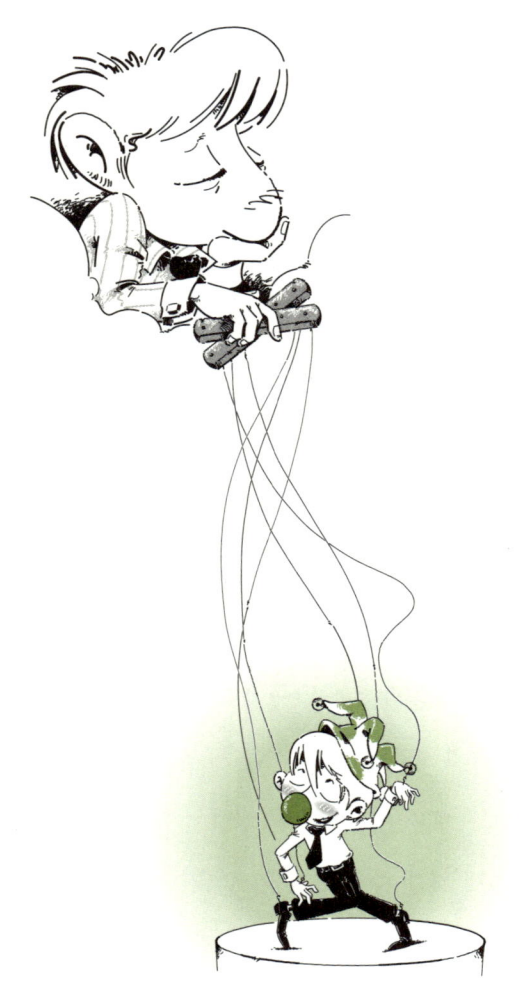

화가 없다.

우리는 마르쿠스를 통해 충분히 휴식을 취하는 것만으로는 바라던 균형이 제대로 이루어지지 않는다는 것을 알 수 있다. 그것을 넘어서야 하는 것이다.

실천방안

당신이 얼마나 훌륭한 사람인지를 끊임없이 증명하고자 애쓰지 말라. 많은 사람들이 큰 프로젝트나 중요한 업무를 담당하기 위해서는 자신의 솔직한 모습을 다른 사람에게 그대로 보여주어서는 안 된다고 생각한다. 그러나 이런 행동은 단기적으로는 효과가 있을지 몰라도 장기적으로는 잘 먹혀들지 않는다. 당신의 연극은 기쁨과 활력과 삶의 용기를 잃어버리도록 할 뿐이다. 결국 당신은 아무것도 얻지 못한다. 당신 자신으로 살아가지 않기 때문이다.

당신이 위장하는 동안은 일과 사생활 사이에서 결코 건강한 균형을 이루지 못할 것이다. 용기를 내어 있는 그대로의 당신을 보여라. 그러면 사람들이 실망할 것 같지만 오히려 당신을 전보다 더 잘 받아들여줄 것이다.

당신의 솔직한 바람을 표현하고, 당신만의 창의적인 아이디어를 제안하라. 다른 사람들이 당신에 대해 무슨 말을 할지, 아이디어가 거부당하지는 않을지 두려워하지 말라.

온전히 당신 자신으로 살 때에만 사람들에게 깊은 신뢰감을 줄 수 있다. 그럼으로써 삶은 훨씬 더 쉽고 편안해진다.

유쾌하고 재미있는 가게는 경쟁력이 있다

최근에 나는 볼 일이 있어 예전에 20년 넘게 살았던 도시를 방문했다. 도착하니 약속시간까지 약간 시간이 남아 예전에 자주 다녔던 몇몇 가게에 들러보기로 했다.

'사람들은 어떻게 변했을까? 그들이 나를 알아볼까? 다들 건강하고 장사도 잘 되고 있을까? 아이들도 다 컸겠지?'

이런 저런 생각이 머리를 스쳤다. 나는 먼저 내가 수년간 단골이었던 작은 가게를 방문했다. 실내 장식품을 파는 가게로 늘 아름다운 장식품들을 많이 구비해 놓고 있었던 곳이다.

내가 가게에 미처 들어서기도 전에 놀라는 목소리가 들려왔다.

"어머 이럴 수가! 얼마나 오랜만에 뵙는 거지요?"

여주인은 나를 보더니 반갑게 맞아주었다. 이어 이야기를 나누는 중에 그녀는 가게가 예전처럼 그렇게 잘 되지는 않는다고 했다.

"그렇다고 좌절할 수는 없지요. 우리는 계속 새로운 아이디어를 도입하여 고객들의 요구에 맞추고자 노력해요!"

그녀는 미소를 지으면서 말했다. 가게 분위기는 20년 전과 똑같았다. 직원들은 유쾌하고 기분이 좋아 보였다. 고객들은 가게의 유쾌한 분위기에 전염되어, 원래 의도했던 것보다 더 많은 구매를 할 것이다. 나 역시 원래는 물건을 구입할 마음이 없었는데 즐겁고 열정적인 분위기에 전염되어 몇몇 소품을 구입했다.

나는 두 번째 방문지로 향했다. 내 기억 속에 그 가게의 주인은 건강하고 호탕한 남자로 언제나 농담을 즐겨했던 사람으로 남아 있었다. 그런 생각을 하며 가게 문을 열었을 때 꾸부정하고 불만으로 똘똘 뭉친 듯한 심술궂어 보이는 남자가 나를 맞았다. 내가 얼마나 놀랐을지 짐작이 가리라. 종업원도 주인보다 낫지 않았다. 주인은 나를 알아보고도 미소조차 짓지 않았다. 그리고 내가 가게가 잘 되느냐고 묻자 그는 가게가 무지무지하게 안 되고, 매일 들러서 뭔가 물어보기만 하고 아무것도 사지 않는 고객들이 제일 꼴 보기 싫다고 말했다.

주인의 불친절하고 심술궂은 태도로 인해 세월이 흐르면서 매출액이 감소하고 있는 많은 가게와 회사들이 있다. 당신은 기분 나쁘고 무표정한 판매원들이 일하는 곳에서 구매하고 싶은가, 아니면 유쾌한 분위기가 지배하는 곳에서 구매하고 싶은가?

상품을 구입하는 것은 오감을 동원한 체험이다. 그런데 많은 가게 주인들은 유감스럽게도 이것을 놓치고 있다. 그들은 생필품 같은 것은 판매원의 친절과 상관없이 어차피 구입할 수밖에 없는 것 아니냐고 묻는다. 그렇다. 하지만 가슴에 손을 얹고 대답하라.

당신은 다른 집과는 비교가 되지 않는 너무나 좋은 과일을 아주 저렴한 가격에 팔고 있는가? 아니면 오늘 막 잡은, 질 좋고 싱싱한 생선을 혼자서만 가지고 있는가? "또 봬요. 좋은 하루 보내세요."라는 상냥한 판매원의 인사를 받으며 흐뭇했던 적이 결코 없는가? 그렇지 않을 것이다. 생각 없이 들어간 가게에서 아주 친절한 상담을 받고는 얼마나 두고두고 기뻐했는가? 그리고 불친절한 가게를 나오면서 얼마나 화가 났는가?

유쾌하고 재미있는 가게는 분명 경쟁력이 있다. 기분 좋고 친절하고 고객을 배려하는 가게는 매출액이 오를 확률이 높다. 주인과 판매원이 마지못해 일하면, 고객들은 귀신같이 알아차리고 자연스럽게 매출은 감소한다. 주인은 매출을 높이고자 판매원들에게 더욱 압력을 가하고, 고객은 판매원의 스트레스를 느끼고 가면 발길을 끊는다. 악순환의 반복이다.

당신의 가게에 들어서는 고객들은 때로 아주 많은 돈을 지출할 용의가 있다. 당신은 좋은 서비스와 환대 그리고 상담을 위한 전문지식으로 무장해야 한다. 그리고 당신이 파는 상품에 대해 스스로도 많은 관심을 가지고 있어야 한다.

모든 고객을 기쁨으로 맞아라. 고객의 질문은 귀찮기 짝이 없고 쓸데없는 것이 아니라, 성공의 길로 이르는 중요한 과정이다. 당신의 임금을 지불하는 것은 고객이며, 그로써 고객은 제대로 알고 상담받을 권리가 있음을 명심하라.

모든 것은 내게 달려 있다

나의 책 《냉장고 속의 코끼리》에 다음과 같은 이야기가 나온다.

젊은 여성이 어떤 회사에 면접을 보러왔는데 15분 정도 일찍 도착해 잠시 기다리게 되었다. 기다리는 동안 그녀는 수위에게 이 회사는 분위기가 어떠냐고 물었다. 그러자 수위는 그 여성이 지금 근무하는 회사의 분위기는 어떠냐고 되물었다.

"분위기요? 무지하게 안 좋죠. 직원들끼리 맨날 싸우고 시기하고⋯⋯. 선뜻 도와주려는 사람은 하나도 없고, 상사들은 매일같이 우리를 들볶아요. 칭찬 같은 것은 도무지 들을 수가 없어요. 한마디로 끔찍해요!"

그러자 수위는 미소를 지으며 젊은 여성을 바라보더니 이렇게 말했다.

"운이 나쁘시네요……. 우리 회사도 마찬가지예요."

이틀 후에 젊은 남성이 같은 회사에 면접을 보러왔다. 그 남성 역시 약간 일찍 도착했고 수위에게 회사 분위기를 물었다. 수위는 젊은 남성에게도 지금 근무하는 회사 분위기는 어떠냐고 물었다. 젊은 남성은 미소를 지으며 대답했다.

"제가 지금 일하는 곳은 정말 좋아요. 분위기가 매우 좋지요. 직원들은 늘 기분이 좋고, 우리는 재미있게 일해요. 상사들도 좋은 분들이고, 아랫사람들에게 격려를 아끼지 않아요. 지금 다니는 회사에 계속 다니고 싶지만, 다음 달에 결혼을 해서 이곳으로 이사를 하거든요. 그래서 새로운 회사로 옮기려고요."

"운이 좋으시군요. 여기도 당신이 지금 일하는 곳과 똑같답니다."

수위가 대답했다.

이 에피소드는 직장에 만족하는가, 만족하지 못하는가는 어느 정도 우리 자신이 좌우한다는 것을 보여준다. 하루 하루를 기쁘고 보람찬 시간으로 만들 것인가, 그렇지 않을 것인가를 결정하는 것은 우리 자신이다.

지난 밤에 다음과 같은 꿈을 꾸었다고 상상해 보라.

라디오 알람이 감미로운 음악으로 당신의 단잠을 깨운다. 잠에서 깨어난 당신은 상사와 동료들을 떠올리며, 당신이 그들과 함께 일하는 것에 기뻐하고 있다는 사실을 깨닫고 당황한다. 예전에는 없었던 일이다. 당신은 출근길 내내 싱글벙글 웃음이 나오고, 지나치는 사람들도 미소를 보내준다.

회사에 도착하니 동료들은 친절하게 아침 인사를 건네고, 당신이 전화나 직접 얼굴을 대하는 고객들은 당신과의 대화에 만족해 한다. 일은 재미가 있고 술술 풀려 나간다. 저녁에 당신은 하루를 돌아보며 "정말 멋진 날이었어!"라고 되뇌인다.

실천방안

그 꿈을 실현하라!

행복한 상상에서 에너지를 얻어라

전 세계가 당신이 하는 모든 일에 반기를 들고 일어나는 것처럼 느껴지는 날이 있다. 상사는 기분이 언짢고 동료들도 마찬가지다. 컴퓨터와 복사기, 다른 포기할 수 없는 기계들까지 스트라이크를 일으킨다. 어디론가 뿅 사라져버렸으면 좋겠다. 그러나 유감스럽게도 그럴 수가 없다.

그런가 하면 죽도록 지루한 날도 있다. 정말이지 아무 일도 일어나지 않는다. 전화통은 쥐죽은 듯 조용하고, 고객 한 사람도 사무실로 발을 들여놓지 않으며, 이메일은 모두 다른 사람의 메일통으로 배달된 듯하다. 2~3분에 한 번씩 시계를 쳐다보지만 퇴근 시간이 아직도 까마득한 것에 절망한다. 그러고 나서 드디어 무슨 일인가를

하게 되었지만 지루함이 너무나 심하여 차라리 아무것도 하지 않고 있는 것이 나을 정도이다. 일에 대한 의욕은 점점 더 사라진다.

반면에 화장실에 가거나 점심 먹을 시간도 없을 정도로 눈코 뜰 새 없는 날들도 있다. 몇 시간 중노동 끝에 잠깐 쉬고 싶지만, 오늘 일정에 휴식은 들어 있지 않은 듯하다. 당신도 때로 이런 때가 있는가?

실천방안

퇴근 후 몇 분만이라도 편안히 앉아 당신이 좋아하고, 당신을 행복하게 하는 사람들의 이름을 죽 적어라. 그리고 취미, 운동 등 당신에게 기쁨을 주는 활동을 적어라. 특히나 행복했던 휴가를 떠올려보라. 하고 싶은 것들을 적고 누구와 하고 싶은지도 적어라. 다 적었다면 잘 접어서 지갑 속에 넣어두자.

그리고 다음부터 힘이 필요할 때마다 지갑 속의 보물 지도를 꺼내 당신의 행복을 찾아라. 그러면 일 분도 지나지 않아 다시 다음 몇 시간을 버틸 에너지를 주유받게 될 것이다.

꼭 이 방법이 아니어도 괜찮다. 사랑하는 사람의 사진을 책상 위에 세워놓거나 벽에 걸어놓을 수 있으면 좋다. 애완견의 사진이나 멋진 휴가지의 사진도 좋을 것이다. 당신에게 힘을 주는 것들로 주변을 채워라! 식물을 좋아한다면 화분을 하나 또는 여러 개 가져다 놓는 것도 도움이 될 것이다.

장난감 가게에 가면 물렁거리는 고무공이나 어른들을 위한 스트레스 해소용 장난감을 많이 볼 수 있다. 이런 것들로 갑자기 엄습하는 스트레스를 놀랍게 제거할 수도 있다. 어디에 던져도 탄력 있게 튀어오르는 공이나 손가락으로 치는 드럼을 몇 분간 주무르면 스트레스가 한결 줄어들 것이다.

사람이 바로 우리의 일이다

우리 모두에게는 공통된 것이 있다. 직업이 무엇이든, 지위가 높든 낮든 우리는 모두 인간이며, 언제나 인간을 상대하며 산다는 것이다.

때로는 '사람' 때문에 힘이 드는가? 그렇다면 당신이 하는 일의 기본을 생각해 보자. 당신의 일은 당신이 관계하는 모든 사람들이다. 당신이 어떤 직업을 가지고 있는가는 중요하지 않다. 우리는 언제나 사람들과 일을 하기 때문이다. 중요한 것은 이 점을 인식하는 것이다. 사람은 당신의 일을 방해하는 귀찮은 짐이 아니다. 사람이 바로 우리의 일이다!

그런데 우리는 계속하여 다른 사람들에게서 무엇인가를 기대한다. 직원들에게는 탁월한 업무 능력을 기대하고, 고객들에게는 돈을 기대하며, 사장에게는 탁월한 리더십을 기대한다. 사람 자체는 우리의 관심사가 아니다. 오로지 그 사람을 통해 얻을 수 있는 이익만이 목적이다.

실천방안

사람을 목적을 이루는 수단으로만 보지 말라. 그들과 인간적인 관계를 수립하고, 그들을 진정으로 알아가는 것이 우선이다. 그들이 어떤 관심사와 취미를 가지고 있는지, 어떤 운동을 좋아하는지, 예술이나 문화에 관심이 있는지 알아보라. 가족, 아이들, 애완견에 대해 알아도 그를 이해하기 훨씬 쉽다. 모든 일의 시작은 사람이다. 비즈니스는 그 다음이다.

작은 목표부터 시작하라

등반을 배운다고 상상해 보자. 당신은 제대로 배우고자 노련한 등반가나 암벽 트레이너의 지도를 받기로 했다. 그런데 트레이너가 첫 시간에 난이도 10등급에 속하는 가파른 암벽을 필요한 장비도 갖추지 않고 무조건 기어 올라가라고 한다면 뭐라고 할까? 그에 응할 수 있을까?

무리인 줄 알면서도 최선을 다 하겠다는 마음에 암벽을 기어 올라가다가 금방 실패할 수도 있고, 말도 안 되는 목표에 질린 나머지 제대로 시작해 보기도 전에 배우는 걸 포기할 수도 있다.

트레이너의 과제는 당신을 목표로 끌고가는 것이다. 이것은 바로 리더들이 당면한 과제와 똑같다. 그렇다면 대부분의 리더들은 그

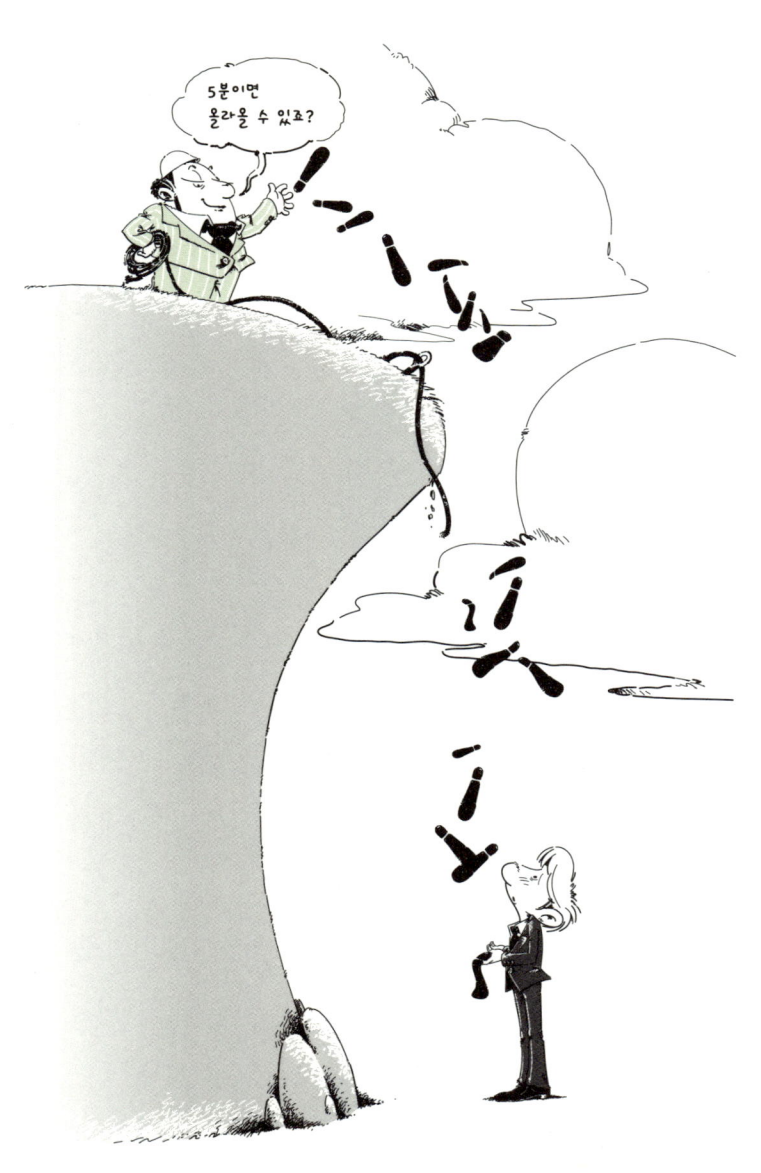

런 과제에 어떻게 접근하는가?

우선 우리에게 난공불락의 가파른 암벽을 보여준다. 리더들은 그것을 '목표 설정'이라고 부른다.

이제 도저히 도달할 수 없을 것 같은 목표가 제시되고, 리더는 높은 보너스를 제시하며 이렇게 외친다. "자, 이제 시작해요, 한번 해봐요!" 그러나 직원들은 떨떠름하다. "보너스가 아무리 많으면 뭐해, 그런 목표는 그림의 떡이야."라는 기분이 들기 때문이다. 보너스에 욕심을 내거나 일에 재미를 느끼기는커녕 의욕이 사라지고, 목표에 부응하지도 못한다.

그렇다면 영리한 트레이너는 어떻게 접근할까? 원하는 목표—우리의 경우 암벽 등반—에 도달하기 위해 처음에는 우리가 할 수 있는 만큼의 과제를 부여할 것이다. 적절한 과제 설정으로 우리가 결코 실패하지 않게끔 한다. 그렇게 처음에는 간단한 연습을 통해 작은 성공을 맛보게 하고, 한 단계를 끝낼 때마다 다음 과제를 받아 긍정적인 동기 부여를 얻게 된다.

좋은 트레이너에게서 배울 수 있는 첫 번째 교훈은 항상 칭찬하라는 것이다. 작은 성공에도 주목하라. 작은 성공은 큰 목표에 이르는 중요한 정류장이 되기 때문이다.

두 번째, 비난하지 말라는 것이다. 우리 모두에게 필요한 것은 도움이다. 성급한 비판은 의욕 상실로 이어진다. 대부분의 회사에서 업무의 90퍼센트 이상이 성공적으로 이루어지지만, 우리는 뜻대로 되지 않는 몇 퍼센트에 매달려 전전긍긍한다. 그러나 정말로 필요한 것은 실패할래야 실패할 수 없는 조건들이 갖추어지도록 하는 것이다.

직원들이 올라야 하는 암벽이 처음부터 너무 어렵지 않도록 주의하라. 시작하기도 전에 실패에 대한 두려움으로 마비되어서는 안 될 것 아닌가!

비전의 힘을 깨달아라

지난 20년간 나는 여러 회사의 신년 행사에 참석했다. 회사의 규모와 상관없이 이런 행사의 내용은 엇비슷하다. 사장이나 임원이 나와 잠시 임직원들을 격려하는 연설을 하고, 새해의 목표를 제시한다. 마케팅·홍보 부서는 특별히 세련된 파워포인트 프레젠테이션을 준비하여 발표한다.

프레젠테이션은 주로 숫자들로 구성된다. 직원들은 일방적인 목표 제시를 조금 무미건조하게, 그러나 인내심 있게 듣는다. 그러면서 속으로는 저렇게 높은 목표에 어찌 도달할까 생각한다. 새해 벽두부터 목표에 대한 부담감으로 일할 마음이 나지 않는다. 연초에 가장 필요한 것은 다가올 한 해를 힘차게 나가기 위한 긍정적인 비전과 이에 대한 직원들의 공감대이다!

성공적인 회사의 공통점은 미래에 대한 광범위하고 긍정적인 비전을 가지고 있다는 것이다. 비전이 왜 그리도 중요한지를 비유적으로 설명해 보겠다.

우리는 살면서 수많은 강을 건너야 한다. 맞은편 둑에 우리 (기업의) 미래가 있다. 강은 때때로 잔잔하고 건너기 쉬울 때도 있지만, 사납고 위험으로 가득 차 있을 때도 있다. 그런데도 무작정 뛰어들어 헤엄치다가 자칫 물살에 휩쓸려 떠내려갈 수도 있다.

강을 건너는 훨씬 더 좋은 방법이 있는데, 그것은 비전을 가지고 건너는 것이다. 비전은 맞은편 둑에 고정시킨 밧줄과 같다. 우리는 그 밧줄을 잡고 한 걸음 한 걸음 강을 건너갈 수 있다. 물론 강물은 우리를 휩쓸어 가려고 할 것이다. 그런 때일수록 우리는 열심히 일해야 하고, 목표에 강한 집념을 가져야 한다. 밧줄을 힘있게 부여잡으면 급물살을 견뎌낼 수 있는 것이다.

비전은 결코 숫자로만 요약되어서는 안 된다. 숫자는 비전이 가져오는 결과일 뿐이다. 조직의 비전이 성공적으로 실현된 많은 예들이 있다.

가령 소니의 비전은 모든 사람들을 즐겁게 한다는 것이다. 그리고 그 결과물이 워크맨이다. 카리타스(CARITAS, 가난하고 고통받고 소외된 이들을 위한 가톨릭의 모든 활동·사업·기구·단체—옮긴이)의 비전은 가난한 자들을 돕는 것인데, 오늘날 많은 사람들이 이 비전의 덕을 보고 있다. 도요타는 세계 최대인 동시에 제일의 자동차 기업이 되고자 하는 비전을 가지고 있었고, 그 비전을 이루는 데 성공했다.

지난해에 다양한 분야의 크고 작은 회사를 다니며 그 회사의 비전, 이상, 사명 등을 살펴보았다. 어떤 회사의 비전은 여러 페이지에 달했고, 어떤 회사는 한 문장으로 축약되었다. 그러나 공통적인 것은 모든 기업이 고객을 최고로 생각하고, 고객의 최고의 파트너가 되기 위해 최선을 다 하겠다는 점이었다. 고객의 주문을 빠르게 처리할 것이며, 언제 어디서나 고객에게 친절하게 할 것이고, 고객의 이의와 불평을 관대하게 처리하겠다고 천명했다.

또한 자기 분야에서 최고가 되기를 원했다. 그리고 모두가 직원들에게 합당한 처우와 임금을 약속했다.

그러나 이런 크고 작은 비전들 가운데 내가 그렇게 애타게 찾던 내용은 한 군데서도 찾아볼 수 없었다. 그 어느 곳도 직원들이 유쾌하고 즐겁게 일하는 것에는 가치를 두지 않는 듯했다. 일하는 환경이 직원들의 사기를 진작시키는 데 도움이 되어야 한다는 생각도 찾아볼 수 없었다. 기업의 성공을 위한 유일한 보증수표가 완전히 배제되고 있는 것이다. 직원들의 분위기가 냉랭하고, 서로 손발이 맞

지 않아 배달이 제 때에 이루어지지 않는데 최고 상품이나 최고의
서비스가 무슨 소용인가?

실천방안

다시 한 번 말하건대 직원은 기업의 가장 중요한 자산이다. 기업
의 이상이나 비전에서 직원이 오로지 고객의 필요를 만족시키기 위
한 도구로 전락되어서는 안 된다. 직원들이 유쾌하게 일을 하지 않
으면 멋진 이상은 아무런 쓸모가 없다. 무엇보다 일에 대한 재미와
기쁨이 비전과 이상에 확고하게 뿌리를 내리도록 하라!

회사에 아직 비전이 확립되지 않았다면 비전을 확립하는 데 착
수하라. 단, 비전은 짧을수록 더 좋다!

상사를 위해

비전을 개발하는 것은 상사들의 과제다. 여기서 다음과 같은 점
을 명심해야 한다.

• 비전은 포괄적이면서도 구체적이어야 한다. "우리는 업계 제

일이 되고자 한다" "세계적인 회사가 되고자 한다" "혁신적인 기업이 되고자 한다" 등은 너무 모호한 비전이다. 그런 비전은 없는 것이나 마찬가지다.

- 비전을 확립하기 위해서는 언제, 어떻게, 무엇을, 왜 해야 하는지를 알아야 한다.
- 비전은 긍정적이고 격려하는 것이어야 한다. 그리고 지금까지의 능력을 넘어설 수 있도록 모든 사람을 고취시키는 것이어야 한다.
- 조직의 일원 모두가 비전을 실현하기 위해 자신이 어떤 기여를 할 수 있는지 알아야 한다.
- 비전은 노력할 가치가 있는 것이어야 한다. 너무 작은 비전보다는 너무 큰 비전이 낫다.
- 비전에 따라 일하는 것이 재미있어야 한다.

이 모든 전제가 충족될 때 비전 공동체가 이루어진다! 비전 공동체는 비전을 실현할 수 있도록 해줄 것이다.

비전이 확립되면 리더가 나서서 직원들에게 알려주어야 한다. 문서로만 알리지 말라! 생텍쥐페리는 "배를 만들고자 한다면 나무를 해올 사람, 일을 할 사람, 명령을 내릴 사람을 모으지 말라. 배를 만들고자 한다면 사람들에게 넓고, 무한한 바다에 대한 동경을 먼저 가르치라."고 말했다. 직원들의 동경을 일깨우는 데 성공한다면, 조직의 목표를 이루기 위해 압력을 행사할 필요가 없을 것이다.

칭찬의 말을 선물하라

동료의 생일이나 기념일, 또는 크리스마스 때 회사 또는 부서의 직원들끼리 보통은 만 원 정도의 선물을 교환한다.

이 때 약간 다른 선물을 준비해 보는 것은 어떨까? 기쁨을 주면서도 돈이 전혀 들어가지 않는 선물! 바로 관심이다.

실천방안

모든 직원에게 이번 기념일에는 물질적인 선물을 교환하는 대신 긍정적인 말을 선물하자고 제안하라. 이 때 이야기되어야 하는 것은 커다란 공적 같은 것이 아니라, 오히려 그 사람을 사랑스럽게 만드는 눈에 띄지 않는 작은 것들이다.

아주 밝고 명랑한 성격으로 우리의 기분까지 밝게 해주는 사람도 있고, 늘 남을 잘 도와주는 사람도 있다. 어떤 동료는 침착하고 안정감이 있으며, 어떤 동료는 다른 사람의 말을 잘 들어준다. 어떤 동료는 다른 사람들의 마음을 편안하게 해줄 것이며, 어떤 동료는 청소를 잘할 것이다.

"나는 당신을 좋아합니다, 그 이유는……."이라는 형식으로 동료에게 애정을 표현하는 것이다. 이 때 중요한 것은 칭찬받은 사람은 자신이 들은 칭찬을 부인하거나 다른 말을 덧붙여서는 안 된다. 단지 "고마워요."라고만 해야 한다. 그것으로 충분하다.

이런 활동을 하다 보면 그저 공기처럼 존재하던 많은 동료들이 다르게 보일 것이다. 이것이 이 프로그램이 수반하는 유쾌한 효과다.

항상 눈과 귀를 열어라

얼마 전, 나는 다음 휴가에 계획하고 있는 여행지에 대한 카탈로그를 좀 얻으려고 한 여행사에 들렀다. 나는 필요한 안내서가 어떤 것인지 정확히 알고 있었다. 내가 여행사가 들렀을 때는 업무 마감 시간이 20분 정도 남아 있었고, 고객은 나 혼자뿐이었다. 하지만 유감스럽게도 나를 상담해 준 젊은 아가씨는 내가 원하는 상품에 대해 별로 아는 것이 없었다. 내가 원하는 카탈로그가 자신의 사무실에 있는지도 몰랐고, 그 여행사에서 가장 문의가 많은 상품 중의 하나라는 것도 모르고 있는 듯했다. 5분 후, 나는 답답한 심정으로 내가 원하는 프로그램의 일부 자료만을 확보할 수 있었다.

거기서 50미터를 더 가면 또 다른 여행사가 있었다. 그곳에서는 원하는 정보를 얻을 수 있을 것이라고 기대했지만, 그곳에서도 나는 잘 모르는 '상담자'를 만났다. 그 역시 내가 원하는 2개의 카탈로그에 대해 전혀 알지 못했고, 자신의 여행사에서는 그런 상품을 취급하지 않는다고 주장했다. 나는 큰 여행사에서 그런 상품을 취급하지 않는다는 것에 의아하여, 그 직원에게 한 번 더 찾아볼 것을 요청했다. 그러자, 그 카탈로그는 찾기 쉬운 곳에 번듯하게 놓여 있었다. 나를 상담해 준 직원은 적잖이 놀라, 흥미롭게 카탈로그를 뒤적이며 그 상품에 대해 감탄했다.

당신도 판매원이나 상담원, 비서, 서비스 인력이나 경영진들에게서 이런 비슷한 경험을 했을 것이다. 자신의 일을 좋아하고 관심이 있는 사람들도 많지만, 매일 매일 의욕 없이 마지못해 일터로 향하는 사람들도 많다. 그런 사람들 중 많은 수는 자신의 직업에 필요한 최소한의 정보도 숙지하지 못하고 일을 한다.

업무에 필요한 정보를 숙지하는 것은 직장인의 의무이다. 하지만 많은 기업에서 지켜지고 있지 않다. 수많은 기업들은 그로 인해 고객을 잃게 되며, 매출이 떨어지는 불이익을 감수해야 한다.

실천방안

업무에 있어 항상 눈과 귀를 열어라. 함께 일하는 사람들이 만족해할 것이며, 일은 더욱 재미있어질 것이다!

상사를 위해

필요한 정보를 숙지하지 못한 직원은 업무를 제대로 수행할 수 없으며 일에 책임을 질 수도 없다. 반면 정보를 갖춘 직원은 맡은 분야와 그와 연관된 일을 장기적으로 책임질 수 있다.

일이 먼저고 재미는 나중이라고 생각하는가? 그렇지 않다. 정보 전달도 재미있게 할 수 있다. 꼭 해야 할 말만으로 축약된, 소위 메마른 정보는 그리 좋은 반응을 얻지 못한다.

이메일로 정보를 전달할 때 유머를 좀 가미하라. 지금까지 너무나 사무적이고 예의바른 말투만을 사용했는가? 그리고 앞으로도 그래야 할 것 같은가? 하지만 한 번 시도해 보라. 당신의 생각이 틀렸음을 알게 될 것이다.

가령 이메일을 이렇게 시작하는 것은 어떨까?

- 늑대 두목이 건달에게 보내는 메시지 :

  어제 세 명의 고객이 주문을 할까 말까 망설이면서 우리를 위협했어요. 우리는 적절한 태도로 그들을 방어하는 데 성공했습니다. 앞으로도 그렇게 밀고 나가요! 다음 판이 기대가 되는군요!

- XY 부서에게 :

  당신 부서의 무거운 공기를 자르기 위해 자재과에 커다란 주방용 칼을 주문하지 마세요. 결코 나쁜 분위기를 개선하지 마세요!

- 프론트 보세요.

  방문객들의 좋은 기분을 어떻게 그렇게 단숨에 망쳐놓을 수 있는지 정말 멋집니다! 계속 그렇게 하세요! 미소 짓지 말고 절대로 친절하게 하지 마세요!

- 외무부와 내무부 간의 진탕 싸움질에 초대합니다.

  창을 준비하세요!

정보 전달이 훈계나 장례식 조사 같아야 효과가 있다는 고정관념을 버려라. 〈누가 백만장자가 될까〉 혹은 〈백만 인의 쇼〉 같은 텔레비전 퀴즈쇼에서 하듯이 정보를 전달해 보면 어떨까? 텔레비전 쇼에서 아나운서들은 4지 선다형으로 질문을 던지고, 지원자들은 그 중에서 올바른 대답을 고른다. 그로써 정보 전달은 아주 빠르고 효과적으로 이루어진다.

재미있게 받아들일수록 정보는 쉽게 입력되며, 또한 필요할 때 쉽게 불러낼 수 있다.

알찬 회의를 위해 유머를 투입하라

회의가 없는 회사는 없다. 주중에 한 번 정기적으로 열리기도 하고, 필요할 때마다 수시로 열리기도 한다. 그런데 회의를 좋아하는 사람은 거의 없다. 어떤 때는 회의가 화기애애한 분위기 속에서 진행된다. 그런 때는 훌륭한 결과를 내며 재미있게 금방 끝난다.

그러나 어떤 때는 분위기도 엄숙하고 긴장이 고조되기도 한다. 본격적인 논의가 이루어지기도 전에 이미 분위기가 가라앉아버려 같은 이야기만 되풀이 한다. 때로는 아주 지루하고 무미건조해서 졸지 않을까 걱정되는 경우도 있으며, 뒤죽박죽 산만하게 진행될 때도 있다.

우리는 많은 시간을 회의로 소비한다. 그런데 왜 투자하는 시간만

큼 회의가 보람 있는 결과를 내지 못하는지 자문한 적이 있는가?

회의에서 창의적인 아이디어가 나오고, 솔직한 대화가 이루어지려면 편안하고 유쾌한 분위기가 선행되어야 한다. 긴장하면 의견 교환이 제대로 이루어지지 않고, 의미 있는 결론이 도출되기까지 오랜 시간이 걸린다. 그러므로 효율적인 회의의 촉매로 유머와 재미를 투입하자!

실천방안

효율적인 회의를 위해서는 직원들을 능동적으로 참여시키고, 무엇인가 할 일을 주어 가만히 앉아 있게 하지 말라. 그러면 긴 시간을 앉아 있는 것이 별 문제가 없어진다.

가장 좋은 것은 회의를 본격적으로 시작하기 전에 잠깐 오락 시간을 갖는 것이다. 이런 활동은 긴장을 풀어주고, 분위기를 화기애애하게 만든다.

회의 시작 5분 전에 종이 바구니 놀이를 해보자. 회의하기도 아까운 업무 시간에 5분은 크다고? 이 5분은 결코 낭비하는 시간이 되지 않을 터이니 염려 말라. 빈 종이 바구니 몇 개를 준비하라(2명당 1개 꼴로 돌아가게). 그리고 직원들에게 젖은 신문지를 작은 공만하게 뭉

쳐서 3개씩 나누어 갖게 한다.

종이 바구니를 약 3미터 정도 떨어진 곳에 세워놓은 후 2명씩 짝을 지어 종이 바구니에 공을 던져라. 둘 중 하나가 공 3개를 연달아 모두 종이 바구니 속에 골인시키면 놀이는 끝난다. 하지만 3개를 골인시키지 못했더라도 5분 정도가 지나면 놀이를 중단해야 한다.

다트도 재미있다. 준비물도 간단하다. 다트를 2~3개 준비하여 회의 시작 전에 몇 분 정도 다트 놀이를 한다. 분위기는 금방 화기애애해질 것이다.

경험에 따르면 작은 봉제 동물인형도 인기가 있다. 회의를 하면서 봉제 동물인형을 가지고 노는 것은 긴장을 풀어주고, 창의력을 촉진시키는 데 도움이 된다. 나를 믿어라. 어른들도 생각보다 이런 놀이를 좋아한다.

마흔을 넘긴 사람들 중에는 고혈압이 있는 사람들이 많다. 이들에게 회의는 생각만으로도 이미 스트레스다. 하지만 회의도 혈압을 낮추는 데 일조를 할 수 있다. 마음껏 후련하게 웃어제끼도록 하라. 심각한 상황을 극복해야 할 때는 더더욱 말이다. 진정한 웃음은 혈압을 낮추고 면역체계를 강화시켜 스트레스를 풀어준다. 놀랍지 않은가?

회의를 시작하면서 최대 9조각으로 이루어진 작은 퍼즐을 맞추

는 것도 재미있다. 모든 직원에게 퍼즐을 나누어 준 후 짧은 시간 안에 퍼즐을 맞추게 하라. 이런 쉬운 과제를 해결하고 나면 어려운 과제를 앞두고도 두렵지 않다.

상습적으로 회의 시간에 늦게 나타나는 동료나 상사가 있는가? 이들은 다른 직원들의 귀중한 업무 시간을 빼앗는 것과 같다. 이런 사람들을 위해 테니스 공 크기의 스폰지 공, 소위 소프트볼을 마련하라. 그리고 회의에 지각한 사람에게 준비한 공을 마구 던지는 것이다. 이 활동은 매우 재미있을 것이며, 그로써 기다린 사람들의 스트레스를 풀어줄 것이다. 또한 학습 효과도 뛰어나서 상습 지각생들은 앞으로는 시간을 엄수하게 될 것이다.

어떤 때 회의는 무척 산만하게 진행된다. 여기 저기 지방방송이 들려오고, 주제도 왔다갔다 한다. 여러 가지 회의가 동시에 진행되는 듯한 느낌이 들 정도이다. 어떤 사람이 무슨 말을 꺼내면 다른 사람이 말을 끊는다. 이런 비효율적이고 산만한 회의에 화가 나는가?

그러면 모든 직원들이 준수해야 하는 몇 가지 간단한 회의 규칙을 세워라. 회의 중 발언권을 얻는 규칙은 기본이다. 이는 회의가 산만해지는 것을 막아준다. 협의된 행동규칙을 무시하는 사람에게는 곧장 소프트볼 세례가 주어진다. 이런 조처는 회의에 질서를 부여할 것이다.

대부분의 사람들은 이런 방식으로 회의를 더 짧게 끝낼 수 있다는 사실을 믿지 않는다. 그러나 한 번 시도해 보라. 다음 번 회의가 계속 한자리에 머물러 있다면 새로운 아이디어를 시험할 때가 된 것이다. 용기를 내라! 틀림없이 효과를 거둘 것이다!

솔직한 비판을 해줄 광대가 필요하다

직원들이 회사의 소소한 업무 규정을 지키지 않는 것에 화가 난 적이 얼마나 많은가? 경영진을 화나게 하는 것은 커다란 일들이 아니다. 작은 일을 등한시하고 소홀히 하는 것이 상사를 화나게 한다.

보고서를 제 때에 작성하지 않을 때, 고객들을 너무 자주 혹은 드물게 찾아갈 때, 복장 규정을 준수하지 않을 때, 약속을 정확히 지키지 않을 때, 회사에 찾아온 고객에게 인사도 하지 않고 전화 예절도 엉망일 때, 공급 상의 문제에 대해 마지막 순간에서야 듣게 될 때, 고객이 "No"라고 한마디만 하면 일찌감치 손을 떼고 계약을 체결을 포기할 때……..

한편 경영진은 일이 제대로 진행되지 않았다는 것만 확인하고,

제대로 진행된 일들은 눈에 보이지 않는 듯하다. 많은 회사에서 칭찬은 사전에나 존재하는 낯선 단어가 되어버렸다. 어떤 동료가 언제 마지막으로 칭찬을 받았는지 아무도 기억하지 못한다. 많은 양의 업무가 어떻게 처리되는지에도 전혀 관심이 없다. 업무를 빠르게 진행시켜 줄 작은 도움이나 수단의 도입도 단호히 거절된다. 이런 상황에서 일이 재미가 있겠는가?

실천방안

전에는 궁중 광대만이 진실을 이야기할 수 있었다. 궁중 광대는 지배자들의 잘못된 행동을 풍자하고 조롱하면서 그들에게 자신의 진실한 모습을 거울처럼 보여주었다. 하지만 지배자나 왕이 광대들이 온당치 못한 발언을 한다고 이들을 처형시켰다는 이야기는 들어본 적이 없다.

경영진과 직원들의 잘못된 행동에 거울을 들이대는 광대들을 참여시켜라.

문제는 내가 해결한다

여러 해 동안 함께 살아온 두 사람이 헤어진다. 두 사람 모두 상대방으로 인해 관계가 파국에 이르렀다고 생각한다. 남자가 보기에는 여자가 문제이고, 여자가 보기에는 남자가 문제다.

어떤 회사에서 계획된 매출액을 달성하지 못하면 시장, 상품, 고객이 문제라는 분석이 나온다. 경쟁 기업이 문제이고, 가격이 문제이고, 열악한 광고가 문제이고, 날씨가 문제이고, 어려운 정치·경제 상황이 문제이다.

한 부서의 분위기가 나쁜 것은 동료 혹은 상사에게 문제가 있어서다. 일이 재미가 없는 것은 원래가 단조로운 일이기 때문이다. 출근이나 약속 시간에 늦는 것은 교통이 혼잡해서다. 아이의 성적이

나쁜 것은 선생님을 잘못 만나서다.

모든 실패에 그럴 듯한 이유가 제시된다. 우리는 그 문제에 전혀 책임이 없고, 문제가 있는 것은 언제나 다른 곳이다. 그러므로 우리는 해결책을 생각할 필요가 없다. 다른 사람들, 즉 실패에 책임이 있는 사람들이 그 문제를 해결해야 한다.

끊임없이 문제만 생각할 뿐, 다른 사람에게 책임을 전가하는 것은 발전에 전혀 도움이 되지 않는다. 이것은 결국 퇴보로 이어진다. 조직의 모든 문제는 밖에서 발생한다고 생각하는가? 그래서 누군가 나서서 해결해 주기만 기다리는가?

변화의 힘은 바로 당신에게 있다.

실천방안

잘 보이는 곳에 돼지저금통을 갖다놓아라. 그리고 전 직원이 다함께 이제부터 다른 사람에게 책임을 전가하지 않겠다고 약속하자. '누구 혹은 무엇이 문제'라는 말을 단어상자에서 지워버려라. '문제'라는 말 대신 '도전', '재미있는 상황', '흥미진진한 일' 등의 단어를 사용하라.

"시장이 문제야."라고 말하는 대신 "현재의 시장 상황에도 잘 해

내는 것이 내게 도전으로 다가온다."라고 말하라.

"우리의 상품이 문제야."라고 말하는 대신 "우리의 상품을 파는 것은 정말 흥미진진한 일이야. 길은 언제나 있을 테니까."라고 말하라.

"동료들이 문제야."라고 말하는 대신 "동료들을 이해시키고 설득시키는 것이 진정한 과제야."라고 말하라.

앞으로 더 이상 "파트너가 문제야. 내 잘못은 없어."라고 생각하지 말고 "파트너와 다시 좋은 관계를 이루는 것이 나의 과제야."라고 생각하라.

이것은 해결 지향적인 사고를 갖게 하며, 모든 일에 의미를 부여한다.

참, 아까 갖다놓으라던 돼지저금통이 어디에 필요할까? 그것은 원래의 목적대로 쓰인다. 나 아닌 누군가가 문제라는 생각이 들거나 다른 사람이나 상황에 책임을 돌리게 될 때, 또는 입 밖으로 "그게 문제야."라는 말을 뱉게 될 때마다 돼지저금통에 500원을 넣어라. 그 돈으로 함께 회식을 한다든지, 사무실에 필요한 물건을 살 수 있을 것이다.

처음에는 돼지저금통에 많은 동전이 모일 것이다. 그러다가 3~4주 지나면서 당신과 동료들은 다른 사람에게 책임을 돌리는 대신 많은 일들을 자신 앞에 놓인 도전으로 보게 될 것이다. 이런 생각 습관은 네 가지의 긍정적인 효과를 가진다.

첫째, 돼지저금통 속에 동전을 넣는 회수가 줄어들 것이다.

둘째, 늘 해결책을 생각하는 자세를 배우게 될 것이다.

셋째, 일이 더 재미가 있어질 것이다.

마지막으로, 모든 일을 더 잘 해낼 수 있게 될 것이다.

이런 변화는 몇 천 원을 들일 만한 가치가 있지 않겠는가?

회사의 가치에 생명을 불어넣어라

오스트리아 메트로의 경영진들은 기업 결합의 성공 비결과 직원들의 높은 업무 만족도는 회사 가치를 실현하는 데 있었다고 믿는다. 매일의 일상에서 행복을 느끼는 직원들이 바로 성공의 토대이며 기업을 유지시킨다고 생각한다.

그래서 오스트리아 메트로는 '아이 러브 메트로(I love Metro)' 라고 적힌 배지를 제작했다. 이 슬로건은 서비스, 품질 향상, 혁신, 재미 같은 회사의 가치를 상징한다. 모든 직원은 자랑스럽게 배지를 착용하고 다니며, 고객들에게 그들이 실현하고 있는 가치에 대해 즐겁게 이야기한다.

또 다른 예는 빈의 화장품 회사 네겔레 운트 슈트루벨(Nägele und

Strubell)이다. 이곳의 직원들은 '당신이 있어서 행복해요'라는 메시지가 적힌 배지를 달고 다니는데, 그것을 보는 고객들은 슬그머니 기분이 좋아진다.

실천방안

당신이 일하고 있는 회사가 어떤 가치를 지향하고 있는지 생각하라. 회사의 가치에서 중요한 것은 행동의 바탕이 되는 기본적인 원칙들이다.

회사가 지향하는 핵심 가치는 대부분 회사의 비전에 포함되어 있다. 그것은 기업의 철학이나 비전의 형태로 회사의 벽이나 웹사이트 어딘가에서 발견할 수 있을 것이다. 다만 모두가 그 중요성을 의식하지 못하고 있을 따름이다.

회사의 가치에 생명을 불어넣어라! 회사의 가치가 상징적으로 묘사하고 있는 행동 원칙을 직원들과 생각해 보자. 효과적으로 실천할 수 있는 다양한 방법에 대해 직원들의 아이디어를 구하라. 겉보기에 그리 중요하지 않은 '바퀴들'이 회사 운영에 본질적인 기여를 하는 경우가 많다. 모두가 매일매일 똑같은 일상적인 일들을 하고 있을지라도 의욕에 불타는 사람들, 그 '중요하지 않은 바퀴들'의

아이디어에 주목하라.

상사를 위해

　회사의 가치에 맞게 솔선수범하는 것은 상사의 의무이다. 그래야만 직원들이 쫓아올 것을 기대하고 요구할 수 있다.

스스로 의욕을 북돋우는 법을 찾아라

지난 30년간 나는 대리점과 소매점의 판매원들을 위한 수많은
판매 트레이닝을 실시해 왔다. 그들 중 많은 수가 몇 십 년째 그 분
야에 종사하고 있었는데, 그 중에는 특히나 의욕에 넘치는 사람들
도 있었고, 너무나 소극적인 사람들도 있었다.

예나 지금이나 의욕적인 세미나 참가자들을 보면 궁금한 것이
있다. 그들은 어떤 방법으로 늘 새롭게 동기 부여를 하는지 궁금했
다. 그들의 대답은 흥미로웠다.

실천방안

매일 아침 15분 간 요가를 하거나 간단한 스트레칭으로 긴장을 푼다. 규칙적인 트레이닝은 더 많은 힘과 마음의 평화를 선물할 것이다.

선불교에서 하는 호흡도 도움이 된다. 의자에 똑바로 앉아 다리를 나란히 모으고 손을 다리 위에 올려 손바닥이 위쪽으로 향하도록 한 후 엄지손가락을 제외한 네 손가락은 서로 포갠다. 그리고 엄지손가락 끝은 서로 붙인다. 이 때 몸에 붙지 않는 옷을 입는 것이 좋다. 그리고 15분간 숨을 내쉬는 데 집중하라. 조용히, 균형 있게 숨을 쉬면서 공기가 자신의 몸에서 빠져나가는 것을 느끼는 것이다. 다른 생각은 하지 말고 머리를 완전히 비워라. 이 방법은 아주 간단한 것 같지만 많은 연습이 필요하다. 그러므로 처음에 잘 안 된다고 쉽게 포기하지 말라.

어떤 사람들에게는 특정한 음악이 의욕을 북돋워준다. 하루를 유쾌하게 시작하기 위해 출근길에 모차르트 음악을 들을 수도 있다.

이처럼 몸과 마음을 풀어주는 긴장 이완 연습을 통해 '자신 속에서 고요하게 쉬는 법'을 배울 수 있다. 익숙해질수록 스트레스를 쉽게 날려버리면서 부정적인 영향에 더 능란하게 대처할 수 있는 유연

성을 배운다. 마음의 균형을 잡고 나면 의지에 따라 의욕을 높일 수 있다.

하지만 방법은 무엇이든 상관없다. 스스로 의욕을 북돋울 수 있는 방법을 찾아라. 다만 효과를 보고자 한다면 최소한 두 달 이상은 규칙적으로 실행해야 한다. 그 후에는 일주일에 세 번 정도 하면 충분할 것이다.

스트레스에 대항하라

현대인에게 스트레스는 아주 친숙하다. 그래서 사람들은 대수롭지 않게 생각한다. 하지만 그렇게 간단히 넘겨버릴 일은 아니다. 스트레스는 현대 성인병의 원인 중 하나로 꼽히고, 작은 스트레스라도 그 때 그 때 풀지 않으면 집중력이 갈수록 떨어져 업무 효율을 높일 수 없기 때문이다. 그러므로 팀워크를 강화하고 창의성을 발휘하고자 한다면 직원들의 스트레스를 풀어주는 것이 가장 중요하다. 이미 살펴보았듯이 약간의 유머와 기분 전환은 업무의 효율성을 증가시킨다.

- '사무용 의자에 앉아 경주하기' 등 즉흥적인 경주대회를 열어라. 준비물은 바퀴가 달린 의자만 있으면 된다.

- 사무실 의자에 앉아 마치 놀이기구를 타듯 몇 초 동안 미친 듯이 의자를 돌려보는 것은 어떨까? 뭐 그런 유치한 일을? 한 번 해보라!

- 저녁 회식도 좋지만, 일주일에 한 번 각자 집에서 간단하게 먹을거리를 가져와서 팀원이 함께 모여 아침식사를 하는 것도 새롭고 기분 좋은 일이다.

- 사무실 벽을 좋은 그림이나 사진, 포스터를 활용하여 창의적으로 장식해 보라. 혼자 해도 좋지만, 동료와 함께 하면 더 좋을 것이다.

- 전화가 많이 걸려 오는 바람에 다른 일들을 처리할 시간이 없는가? 그렇다면 '생산적인 30분'을 선언하라. 순번을 정해서 이 시간 동안 당신의 전화를 동료의 전화기로 돌려놓는 것이다. 그러면 걸려오는 전화를 받을 필요 없이 집중해서 밀린 일을 처리할 수 있다.

- '테마 데이'를 도입하라. 가령 3월 21일은 달력상으로 봄이

시작되는 날이다. 작은 파티를 하고, 회사 내부를 봄 분위기에 맞게 꾸며보라. 꽃병에 꽃 몇 송이만 꽂아도 사무실 분위기가 달라질 것이다.

오늘 1만 번째 고객이 올 것이 기대되는가? 붉은 양탄자를 깔고, 열렬히 그를 환영하라.

• 칭찬하고 싶은 마음을 아주 다르게 표현할 수 있을까? 칭찬하고 싶은 사람에게 백 원짜리 동전을 건네라. 함께하는 모두가 백 원 전용 꼬마 저금통을 수집할 수 있다.

• 음악은 일에 대한 능률을 배로 높인다. 그럼에도 어떤 음악을 틀 것인지는 미리 합의를 거쳐야 한다. 각자의 음악적 취향이 다양하기 때문이다.

• 업무 공간을 특별한 시즌에 맞게 꾸며보자. 여름휴가, 생일, 할로윈데이, 크리스마스에 맞게! 때에 따라서는 직원들의 외모도 꾸미고 변장하는 것도 재미있다.

• 신입사원이 출근하는 날 "최강 팀에 합류한 것을 환영합니다!"라고 적힌 커다란 환영 카드를 책상 위에 세워놓으라.

대대적인 환영 인사 대신 아몬드 초콜릿 한 상자나 예쁜 볼펜 혹은 하트나 별이 그려진 헤어밴드 같은 것을 선물해도 좋다. 사무실에서 쓸 수 있는 머그컵도 그와 함께 일하게 된 것을 기뻐한다는 의미를 전달하는 데 효과적이다.

상상력을 발휘하라. 할 수 있는 것이 얼마나 많은지 놀라게 될 것이다. 또 어떤 것이 떠오르는가?

상사를 위해

특별한 아이디어를 차용하라. 더 재미있게 하려는 직원들의 노력을 장려하라.

틀에 박힌 방식으로 신입사원을 뽑지 말라

누군가 이런 말을 했다. "나중에 고객에게 좀 친절히 대하라고 충고해야 할 사람을 뽑지 말고, 처음부터 친절한 사람을 채용하라!" 나는 이 말에 덧붙여 "최소한의 유머 감각을 갖춘 사람을 채용하라."고 권한다.

그런데 지원자가 유머 감각이 있는지 없는지 어떻게 알 수 있을까?

실천방안

신입사원을 뽑을 때 다음에 주의하라.

- 틀에 박힌 방식으로 신입사원을 뽑지 말라. 유머 있고 능력 있는 지원자를 모으고 싶다면 일단 틀에 박히지 않은 특별한 채용 공고문을 작성하라!
- 면접에서 지원자들을 유머가 없이는 해결하기 어려운, 순발력과 창의성이 요구되는 상황으로 밀어넣어라.
- 지원자의 미소를 이끌어낼 수 있는 편안한 분위기에서 면접을 진행하라.
- 신입사원이 배치될 예정인 부서의 직원들을 면접에 초청하라. 신입사원과 함께 일해야 하는 사람들은 결국 그들이니까 말이다.
- 지원자에게 그의 삶에 특별한 의미가 있는 물건을 가지고 오도록 요청하라. 그의 창의성을 시험해 볼 수 있다.
- 지원자에게 회사와 일상생활에 어떻게 새바람을 불러일으킬 것인지 질문하라.

나이든 직원은 퇴물이 아니다

IBM 본부는 20년 전에 이미 오스트리아 IBM이 고령화될 것을 우려했다. 하지만 고령화가 기업의 성공을 위협할 수 있을 것이라고는 생각하지 못했다.

당시 오스트리아 IBM에는 거의 같은 연령대의 직원들이 많아, 그들이 같은 시점에 퇴직을 해야만 했다. 미리 젊은 노동력을 투입하여 몇 년 뒤 많은 수가 한꺼번에 연금에 들어가도 전혀 무리가 없도록 해야 하는데, 이런 조처에는 엄청난 추가 비용이 들었다. 그리하여 IBM은 45세 이상의 모든 직원들에게 소위 '황금악수(Golden Handshake, 정년 전의 퇴직자에게 지급하는 고액의 퇴직금 – 옮긴이)'를 제안했다.

조건이 아주 좋았기에 많은 직원들이 퇴직을 결정했고, 젊은 피를 위한 자리가 확보되었다. 이 방법으로 나이든 직원들을 우아한 방식으로 퇴직시켜 인건비를 줄일 수 있었다.

그러나 우리는 젊은 직원들은 경험과 노하우가 부족하다는 것을 알고 있다. 물론 젊은 직원을 활용하는 것이 인건비가 덜 든다는 장점이 있지만, 그로써 회사는 많은 경험과 노하우를 잃어버리는 결과가 초래된다. 노련한 전문가들이 없어 지식은 더 이상 전수될 수 없고, 회사는 그에 대한 대가를 지불해야 한다.

실천방안

나이든 직원들이라고 모두 얼른 퇴직하여 연금이나 타며 편하게 놀고먹기를 기대하는 것은 아니다! 그들 중에는 계속 일하고 싶어 하는 사람들도 많다. 그들은 여전히 일에 대한 열정이 있으며, 기업을 위해 많은 이윤을 창출할 수 있다.

나이든 직원들을 좌천시키거나 무시하지 말라. 그들에게서 일하는 기쁨을 빼앗지 말고, 오히려 그들을 새로운 도전 앞에 세워라. 그리고 어떤 방법으로 '늙은 늑대'들의 경험을 활용할 수 있을지 다함께 고민하라.

한 달에 한 번 정도 규칙적으로 노하우 전수 회의를 열어라. 주제는 회의가 열리기 며칠 전에 미리 고지되어야 한다.

또 젊은 직원과 나이든 직원이 고루 섞여 있는 팀을 만들자. 목표는 노하우 전수이다. 노련한 경험자들은 젊은 직원들의 멘토가 되어줄 수 있을 것이다. 그렇게 하면 중요한 정보가 전수되고, 젊은 직원들은 멘토가 과거에 했던 실수를 반복하지 않게 된다. 모두가 이 일에 얼마나 열광하는지 놀라게 될 것이다.

하기 싫은 일을 하며 살기에 인생은 짧다

하기 싫은 일을 하며 살기에 인생은 너무 짧다! 일생 동안 그 어떤 곳보다 일터에서 많은 시간을 보낸다는 사실을 생각하면, 더욱 그렇다. 게다가 사람을 힘들게 하는 분위기 속에서 많은 시간 일해야 한다면 너무 고통스럽다. 직장 분위기가 엉망이고, 살벌하기까지 해서 출근이 두려울 정도라면 일이 재미있을 리 없다. 늦든 빠르든 우울하고 무기력해지기 마련이다.

그렇게 되면 언젠가는 사생활에까지 영향을 미친다. 최근 많은 직장인들이 심혈관 장애, 위장 장애, 만성 두통, 귀울림까지 다양한 증상에 시달리고 있다. 정말 유감스런 일이다.

회사 분위기가 참을 수 없을 정도라면, 부서를 옮기거나 이직을 하는 것이 좋다. 물론 회사를 그만두는 것은 섣불리 결정할 일은 아니다. 아마도 일 자체는 재미있고 계속하고 싶지만, 현재의 사무실 분위기가 참을 수 없는 경우도 있다. 당신의 힘으로 사무실 분위기를 바꿀 수 없다면 방법은 하나다. 자신을 어떠한 상황에서도 긍정적인 사람으로 변화시켜 '고통스런 상태'에서 탈출하는 것이 가장 빠른 해법이다.

- 배려하는 사람이 되라. 특히 다른 사람들이 별로 기대하지 않은 상황에서 당신의 배려를 보여라.
- 동료들과 일에 관련한 이야기만 하지 말고, 사적인 이야기도 나눠라. 인간적인 관심을 보이고, 질문을 던져라!
- 전화벨이 울리면 곧장 받아라. 전화를 받지 않으려고 공연히 동료와 신경전을 펼치지 말라.
- 동료들과 가끔씩 즐거운 이벤트를 만들어라. 어떻게? 동료들이 무엇을 좋아하는지 유심히 살펴보면 답은 있다.
- 커피를 가지러 가기 전에 동료 중에 커피를 마시고 싶은 사람

이 또 있는지 물어보라. 당신의 빛나는 센스에 동료들은 당신을 새롭게 보게 될 것이다.

- 동료들이 질문을 던지면 달팽이집 속으로 기어 들어가지 말고 자신의 의견을 말하라.
- 동료의 옷이나 달라진 외모, 새로 산 손목시계, 새로운 반지에 대해 언급하고 감탄하라. 사람들은 누구나 자신에게 관심을 보이는 것에 기뻐한다.
- 주말이나 휴가에 무엇을 했는지 꼭 물어보라.

생각만 하면 방법은 얼마든지 있다. 하지만 그냥 이루어지는 것은 아니다. 당신의 노력이 필요하다!

상사를 위해

앞에서 이야기한 모든 실천방안들은 특히 상사들이 명심해야 하는 것이다! 누가 아랫사람을 무시하는 상사 밑에서 일하고 싶겠는가? 직원들을 위해 신선한 과일 바구니를 마련하라. 이것은 기적을 일으킬 수 있다!

명심할 것

잘하겠다고 마음먹지만, 다시금 예전의 부정적인 습관이 되살아 날 수 있다. 그러므로 긍정적인 습관이 몸에 밸 수 있도록 최선을 다 해 노력하라.

기차를 갈아탈 용기도 필요하다

　　재미와 성공, 건강과 창의성이 서로 맞물려 있다는 것은 모두가 아는 사실이다. 그것을 넘어 당신의 재능과 소질을 유감없이 발휘할 수 있다면 행복으로 가는 길에 걸림돌은 없다.

　　하지만 일이 나의 발전에 전혀 도움이 되지 않는다고 느껴질 때가 있다. 그러면 일은 재미가 없어지고, 의욕도 사라지고, 계속 몸이 좋지 않고, 퇴근시간만 기다려진다. 심하면 인생에 대한 좌절감이 느껴지며 가슴이 공허해진다. 그것은 당신의 재능이나 소질에 맞지 않는 일을 하고 있기 때문이다. 그래서 일이 부담스러우면서도, 또 한편 당신의 진정한 재능을 발휘하지 못하고 있기에 시시하게도 느껴진다.

그리하여 다국적 기업의 임원은 가구를 만드는 일을 하면 재미있을 텐데 하는 생각을 할 수도 있다. 영업사원으로 일하지만, 사실은 비서가 적성이라는 생각이 드는 사람도 있다. 자신의 레스토랑을 경영하고 싶은 세무사도 있을 것이다. 은행에서 일하고 싶은 자동차 엔지니어도 있을 수 있다.

적성에 맞는 직업을 갖게 된다면 더욱 열정적으로 재능과 소질을 발휘할 수 있을 텐데. 그리고 더 행복하고, 건강하고, 재미있게 살 수 있을 텐데 말이다.

실천방안

지금 하고 있는 일이 당신에게 행복이 되지 못한다는 생각이 든다면, 무엇 때문에 이 일을 하고 있는지 진지하게 자신에게 물어보라. 그리하여 현재 하고 있는 일이 장기적으로 자신이 해야 할 일이 아니라는 생각이 든다면, 어느 순간엔 기차를 갈아탈 용기를 내야 할 것이다. 그것이 불가능하다고 생각하는가? 진로를 변경하기에는 이 분야에 너무 오래 몸담았고, 너무 지위가 높아졌으며, 너무 공부를 많이 했다고 생각하는가?

나는 천성적으로 아주 명랑하고 낙천적인 사람들조차 적성에 맞지 않는 일을 하면서 불행해 하고 우울해 하는 것을 많이 보았다. 반대로 자기 기업에 맞지 않는 직원을 고용한 회사 역시 성과를 거두지 못하는 상황을 자주 보았다.

일이 당신에게 맞지 않다는 사실을 깨달았다면 용기를 내어 새로운 일을 찾는 것이 최상이다.

겉과 속이 같은 사람이 되라

당신 그대로의 모습을 보이면 무시당하고 상처를 입을 것 같은 가? 그래서 다른 사람들의 기대에 맞추기 위해 안간힘을 쓰는가?

"강해져야 해." "멋진 사람이 되어야 해." "사랑받아야 해."

아주 많은 사람들이 주위의 기대를 채우지 못할까봐, 또는 잘못된 처신으로 어려움에 빠질까봐 두려워한다. 그래서 그들은 있는 그대로의 모습이 아닌 이상적인 모습으로 보이고 싶어 한다. 때로는 상처를 받았으면서도 그렇지 않은 듯 행동한 적도 있다. 속으로는 거부감을 느끼고, 방어하고 싶으면서도 말이다.

있는 모습 그대로 살고 싶다는 생각이 들지 않는가? 너무 오래 자신이 아닌 다른 사람으로 포장하지 않았는가? 무엇이 자신의 마음에 들며, 무엇이 마음에 들지 않는지, 원하는 것이 무엇인지 이야기하고 싶지 않는가? 다른 사람과 자신을 속이는 걸 이제 중단하고 싶지 않는가?

실천방안

자신을 더 이상 부인하지 말라. 역할 놀이를 그만두라. 맞지 않는 역할 속에 자신을 구겨넣음으로써 더 의미 있게 투자될 수 있는 에너지를 낭비하고 있지 않은가.

두려움의 그림자를 뛰어넘어라! 당당하게 나아가서, 자신이 옳다고 생각되는 것과 그르다고 생각되는 것을 말하라!

일생 동안 이상적인 모습만을 보이려던 강박에서 벗어나 가벼운 행복감을 느껴보라. 겉과 속이 같은 사람이 되고, 새로이 얻은 자신의 모습을 즐겨라! 그것이 당연한 것이다.

스스로에게 상을 주라

일상이 어떻게 흘러가는가? 지루하고 단조로운가? 아침에 일어나면 '또 하루를 어떻게 보내나' 하는 생각에 한숨이 나오는가?

아니면 기쁜 미소를 지으며 침대에서 튀어나와 30분 정도 아침 운동을 하고 라디오 방송을 들으며 여유 있게 아침식사를 즐기는가? 출근길에는 배우자와 하루에 대한 기대로 가득 찬 즐거운 웃음을 주고받는가?

그리고 어제는 드디어 벌떡 일어서서 동료에게 당신의 솔직한 의견을 말했다. 이제 만족스런 기분이 드는가? 또 동료에게 인사치레가 아닌 가슴에서 우러나오는 칭찬을 해주었다. 동료의 미소를 보며 당신의 영혼까지 밝아지지 않았는가?

고객에게 상냥한 상담을 해주었다. 고객의 진심어린 감사에 뿌듯함을 느꼈는가?

무엇을 했는지는 중요하지 않다. 중요한 것은 당신의 행동이 다른 사람들, 동료와 고객에게 기쁨이 된다는 것이고, 그 일을 생각하거나 말할 때면 당신의 눈이 반짝인다는 것이다.

실천방안

뭔가 잘 해냈을 때 스스로에게 상을 주라. 간식을 좋아한다면 보상으로 작은 파이나 초콜릿을 사먹자. 매일 스스로에게 작은 즐거움을 선사하는 사랑스런 습관으로 만들자. 작은 행복을 통해 삶을 더 많이 즐기는 법을 배우라!

베푸는 대로 돌아온다

12월 8일은 오스트리아의 휴일이다. 그러나 크리스마스를 앞두고 있으므로 상점들은 이날 문을 연다. 작년 12월 7일, 나는 빈 시내에서 크리스마스 용품을 구매하며 점원들에게 이렇게 물었다. "내일도 문을 열죠? 내일도 일해야겠네요?" 그러면 점원들은 거의 풀죽은 표정으로 "그렇죠 뭐……." "유감스럽게도요." 등등의 대답을 했다.

그러나 단 한 곳 예외가 있었다. 어떤 상점의 두 여자 판매원은 나의 질문에 한 목소리로 이렇게 대답했다.

"네, 내일도 나올 거예요. 우린 손님들이 적당한 크리스마스 선물을 고르도록 도와드리는 게 정말 즐거워요."

그 두 사람이 일하는 모습을 한동안 지켜보았는데 매우 신선했다. 고객 한 사람, 한 사람에게 친절하게 상품을 설명해 주며 유쾌하게 일하는 모습은 참으로 오랜만에 보는 광경이었다.

두 사람은 매우 친절했고 긍정적이었으며 누구에게나 상냥하게 조언을 해주었다. 가게에 들어오는 사람 중에는 둘러보고 그냥 가는 사람도 많았지만, 그 두 사람의 친절은 변함이 없었다. 그들은 가게 문을 나서는 모든 사람에게 기쁜 미소를 담아 "안녕히 가세요! 좋은 하루 되세요!"라고 인사했다.

실천방안

언젠가 슈퍼마켓에 들렀다가 계산원이 아주 바쁜 시간인데도 불구하고 다정한 미소를 지으며 작별인사를 하는 것에 매우 강한 인상을 받은 적이 있다. 붐비는 슈퍼마켓에서 그런 인사를 기대하지 않았고, 또 그 인사가 가슴에서 우러나온 것이라는 인상을 받았다. 당신이라도 기분이 좋았을 것이다.

차 한 잔 할 수 없을 정도로 바쁘게 일하는데 전화가 울리거나 상사가 들어와서 도움을 요청하는가? 그들을 귀찮은 방해거리로 여기지 말고, 누군가 당신의 도움을 필요로 한다는 것을 기뻐하라.

당신도 동료의 도움이 필요하거나, 전화로 문의해야 할 때가 있을 것이다. 그럴 때 상대방에게서 어떤 대접을 받기를 원하는가? 베푸는 대로 당신에게 돌아온다.

언제나 길은 있다

젊은 영업사원이 거래를 트고자 한 회사를 한 달에 한 번씩 정기적으로 방문했다. 그 시간이 2년이 넘었으나 성과가 없었다. 서로에게 이익이 되는 거래가 되리라고 생각했기에, 자신의 모든 노력이 수포로 돌아가자 젊은 영업사원은 매우 실망했다. 그는 무거운 마음으로 그 회사를 마지막으로 방문했다. 젊은 영업사원은 꽃다발을 준비해서 그 회사로 들어갔다.

그러고는 이렇게 인사했다.

"마이어 씨, 지난 2년간 이곳을 방문할 수 있어서 아주 즐거웠습니다. 제가 오면 늘 유쾌하게 대해 주셔서 감사합니다(사실은 그렇지 않았지만). 오늘은 정말 아쉽게도 작별 인사를 드리러 왔습니다. 우리 회사 영업부장님께서 비용 상의 이유로 이곳은 더 이상 방문하지 말라고 하셨거든요."

이어 그는 어안이 벙벙한 상대방에게 꽃다발을 건넸다. 그 때부터 그 회사는 그의 가장 중요한 고객이 되었다.

한 제약회사 영업사원이 유명한 의사를 일 년 넘게 찾아갔다. 자신의 회사가 생산하는 약품의 장점을 누누이 강조해도 그 의사는 싱긋도 하지 않았다. 그 영업사원은 한 세미나에서 내게 이런 중요한 고객을 어떻게 해야 확보할 수 있겠느냐고 물었다. 나는 그에게 그 의사가 어떤 취미를 가지고 있으며, 어떤 운동을 좋아하는지, 휴가는 어디로 가는지, 자녀는 있는지, 애완동물은 키우는지 아느냐고 물었다. 영업사원은 잠재적인 고객에 대해 아는 것이 아무것도 없음을 시인했다. 나는 그에게 일단 그런 정보를 수집해 두는 게 좋을 거라고 충고했다.

제약회사 영업사원은 그 의사가 열정적인 아마추어 고고학자로, 정기적으로 이집트에서 휴가를 보내며 고고학 발굴에 동참한다는 사실을 알아냈다. 그리고 어느 날 영업사원은 우연히 서점에 들렀다가 특별 할인 코너에서 이집트에서 이루어지는 고고학적 발굴에 대한 책 한 권을 발견했다. 그는 그 책을 구입했고, 다음에 그 의사를 찾아가 이렇게 말했다.

"선생님께서 고고학에 관심이 많으시다고 들었습니다. 저도 발굴에 관심이 많습니다. 좀 다른 발굴이긴 하지만요. 저는 서점에서 흥미로운 책을 발굴하곤 합니다. 그런데 지난주에 선생님께서 관심을 가지실 만한 책을 하나 발굴했습니다."

이어서 그는 의사에게 아주 저렴한 가격에 구입한 책을 건넸다. 그는 그렇게 의사를 고객으로 얻을 수 있었다.

실천방안

비즈니스 현장에서는 노력만으로 문제가 해결되지 않을 때가 많다. 하지만 그럴수록 절망하지 말고, 창의적으로 접근하라. 때로 아이디어가 떠오를 때까지 약간 시간이 걸릴 수도 있다. 하지만 언제나 길은 있는 법이다!

직원들의 아이디어와 창의성을 끌어내라

몇 년 전 한 회사에서 세미나를 진행하던 중 휴식 시간에 휴게실에 들렀는데, 그곳에서 더 좋은 회사를 만들기 위한 아이디어를 제안할 수 있는 건의함을 발견했다. 많은 아이디어가 들어오느냐는 나의 질문에 회사 관계자는 그 건의함은 5년 전부터 무용지물인 상태로 그곳에 매달려 있을 뿐이라고 대답했다.

건의함은 10년 전에 설치된 것으로 처음에는 직원들이 적극적으로 아이디어를 제안하곤 했다. 그러나 유감스럽게도 경영진은 직원들의 제안을 실천에 옮기기는커녕 논의하지도 않았다. 그래서 이제는 아무도 건의함에 건설적인 제안이나 건의사항을 집어넣을 필요를 느끼지 못한다고 했다.

당신의 직장은 어떠한가? 그곳에도 건의함이나 편지함이 붙어 있는가? 그것은 아직도 애용되고 있는가? 경영진은 그것을 어떻게 취급하는가?

실천방안

직원들의 아이디어와 창의성을 활용하라. 그로 인해 수많은 기업의 업무 처리 과정이 개선되고, 상품의 종류가 확대되었으며, 고객 서비스가 더 효율적으로 개선되었다.

그러나 유감스럽게도 대부분의 제안들은 설명할 수 없는 이유에서 실현되지 않았다. 당신의 회사가 크지 않아서, 직원이 소수라 해서 그들의 창의적인 기여를 포기해서는 안 될 것이다!

규모가 큰 회사에서는 건의함이 번거롭다면 이메일로 아이디어를 모을 수 있다. 이미 말했듯이 직원들과의 개인적인 대화는 더 편하게 제안을 받을 수 있는 좋은 방법이다.

처음부터 모든 것이 불가능하다고 부정적으로 물리치지 말라. 직원들은 회사를 사랑하는 마음에서 그런 생각을 해낸 것이다. 물론 현실적으로 실현 불가능한 아이디어와 제안들이 있을 것이다. 하지만 경험상 대부분의 제안은 실현 가능하고 긍정적인 변화에 기여할 수 있다.

중요한 것은 일상에 더 많은 재미를 불어넣고, 업무를 유쾌하고 효율적으로 수행하기 위해 필요한 것이다. 그러기 위해서는 현장에서 일하고 있는 직원들의 창의성을 끌어내라! 그들의 아이디어를 받아들이고 마인드를 바꾸어 새로운 방법을 실행하라!

항상 축제를 만들어라

크리스마스 시즌이 다가오면 상점가는 화려하게 변신한다. 특별한 계획이 없는데도 환하게 불이 밝혀진 크리스마스 트리 아래를 걸으면 공연히 설렌다.

그런데 일 년 중 가장 들뜨고 가장 낭만적인 시간이 많은 사람들에게는 또한 가장 스트레스가 많은 시간이기도 하다. 일 년을 마감하기 전에 처리해야 할 일들이 쌓여 있고, 새해가 되기 전에 체결시켜야 하는 계약들이 있는 사람들이다. 그들에게는 쉴 시간이 없다.

그래서 몇몇 사람들은 사무실에 크리스마스 데코레이션을 해놓으면 불평을 하기도 한다. 고객도, 클라이언트도 뜸하고 직원들끼리 죽어라 일만 하는데 장식은 뭐하러 해?

중요한 것은 고객이나 클라이언트가 아니다. 바로 당신과 동료들을 위한 이벤트이다. 그것이 중요하다!

실천방안

꼭 크리스마스가 아니어도 상관없다. 하루 종일 일터에서 일하는 당신과 동료들에게 마음의 여유를 줄 수 있는 것이면 된다. 계절별로 혹은 매 달 주제를 정하는 것은 어떨까? 우리만을 위한 축제를 갖는 것이다. 상상력을 발휘해 보자.

상사를 위해

아이디어에 제한을 두지 말라. 직원들에게 마음대로 할 수 있는 여지를 허락하라. 당신 역시 능동적으로 참여하라!

뉴스레터에는 다양한 목소리를 담아라

많은 회사가 고객과 직원들에게 뉴스레터를 발송한다. 새로운 상품 정보, 회사 내부의 새로운 소식, 부고, 생일이나 결혼, 회사 창립 기념일 등 다양하다. 때로는 기행문, 기업 고문의 칼럼, 또는 어디 가면 자동차 타이어를 저렴하게 살 수 있는지 등을 알려주는 생활정보들이 뉴스레터의 내용이다.

그러나 그것으로 뉴스레터에 열광적인 반응을 보이지 않는다. 앞으로 사람들이 당신의 뉴스레터를 기다리고, 관심 있게 읽고, 화제거리가 되었으면 좋겠는가?

내용을 기획할 때 다음의 아이디어를 반영한다면 뉴스레터의 인기를 높일 수 있을 것이다.

- 한 사람에게 뉴스레터를 전담시키지 말라. 모든 직원이 번갈아가며 다양한 목소리를 내게 하라.
- 원고를 의뢰할 때는 주제를 정해주고 글을 써달라고 부탁하지 말고, 자유롭게 글을 쓰도록 하라.
- 좋은 식당들을 소개하라.
- 영화 소개나 영화평은 언제나 인기가 있다.
- 머리를 굴리는 과제들(십자 퍼즐이나 스도쿠)도 환영받는다.
- 건강에 대한 조언이나 요리 레시피도 인기를 누린다.
- 재미있는 위트나 카툰은 뉴스레터를 부드럽게 해줄 것이다.
- 운동에 대한 정보는 많은 사람들의 관심을 끌 것이다.
- 직원들과의 인터뷰는 즐겨 읽힐 것이다.
- 이것 저것 실험해 볼 수 있는 코너를 마련하라.

무엇이든 자신의 목소리가 많이 담길수록 관심을 갖는다. 그러므로 직원을 위한 뉴스레터라면 직원의 목소리를, 고객을 위한 것이라면 고객의 목소리를 담는 데 주력하자. 그리고 고객과 직원들의 적극적인 참여와 홍보를 유도할 수 있도록 하라.

선택권은 나에게 있다

세미나에 참가한 한 여성이 내게 동료의 이야기를 들려주었다.

"저와 몇 년 같이 근무했던 여자 동료는 매일 하루도 빠짐 없이 '너무나 아름다운 아침이에요, 여러분!' 하고 활짝 웃으며 인사를 했어요. 다른 회사도 그렇듯이 우리 회사 사람들도 언제나 상태가 좋은 것은 아니거든요. 어떤 사람은 배우자와 문제가 있었고, 어떤 사람은 월급날이 아직 멀었는데도 잔고가 바닥나 걱정하고 있기도 하고, 아이나 부모님이 아프기도 하고, 간혹 편두통이 괴롭히기도 하고 말이에요.

하지만 아침마다 환한 얼굴로 인사를 하는 그녀의 밝은 웃음은 우리에게 금방 전염되었어요. 그래서 많은 문제들이 우리를 괴롭힐 때도 그녀의 인사를 받는 순간은 우리의 마음도 밝아졌어요. 어쩌다 그녀가 출근을 하지 않는 날이면 우리는 그 환하고 명랑한 아침 인사를 그리워했어요. 그녀는 힘든 일이 하나도 없는 것처럼 보였고, 언제나 건강하고 행복해 보였지요.

어느 날 나는 그녀에게 '매일 매일 그렇게 기분이 좋은 걸 보니 모든 일이 전혀 문제가 없군요.' 하고 말을 걸었어요. 그랬더니 그녀는 '천만에요. 나의 남편은 우울증이에요. 돈도 언제나 쪼들려요. 게다가 얼마 전 나는 유방암이라는 진단을 받았어요. 다음 주에 수술을 받을 거예요.' 라고 대답하는 거예요. 나는 깜짝 놀라서 '어떻게 그런 문제가 있는데도 그렇게 밝게 살 수가 있어요? 이해가 가지 않아요.' 하고 말했어요. 그러자 그녀는 '그것은 쉽지 않다'고 하는 거예요.

'매일 아침 깨어나면 나는 스스로 이렇게 말해요. 마리아, 오늘 네 앞에는 두 가지 가능성이 놓여 있어. 넌 기분 좋게 지낼 수도 있고, 기분 나쁘게 보낼 수도 있어. 선택은 네게 달려 있어. 그래서 나는 매일 좋은 기분으로 지내기로 결정해요. 나쁜 일이 닥칠 때도 나는 마찬가지로 선택의 가능성을 가지고 있어요. 스스로를 희생자로 볼 것인가, 아니면 그 일에서 뭔가를 배울 것인가. 그리고 나는 당연히 후자로 결정해요. 우울증에 걸린 남편과 사는 것은 쉽지 않아요.

나는 내 운명에 괴로워하고 비참해 하면서, 왜 내가 이런 일을 겪어야 하는지 탄식할 수 있어요. 하지만 다른 한편으로 나는 굉장히 힘든 상황 속에서 대처하는 법을 배우고 있는 거잖아요. 그래서 나는 매번 배우기로 선택해요. 유방암은 나를 힘들게 하고, 다시 건강을 되찾지 못하게 될 거라고 절망하게 만들 수 있어요. 하지만 나는 건강해지기로 선택했어요.'

'그렇게 사는 게 끔찍하게 힘들지 않아요?'

'쉽지는 않아요. 하지만 삶은 언제나 우리에게 결정권을 주잖아요. 우리는 선택권을 가지고 있고, 여러 가지 상황에서 우리가 어떻게 행동할 것인지를 결정할 수 있어요. 주어진 시간을 기분 좋게 보낼 것인지, 우울하게 보낼 것인지를 결정할 수 있어요. 그래서 나는 긍정적인 쪽으로 결정했어요.'

마리아는 더 이상 우리 회사에서 일하지 않아요. 가족과 함께 다른 도시로 이사했어요. 유방암 수술은 성공적이었어요. 남편은 여전히 우울증이지만요.

나는 마리아에게서 매일 행복해지는 법을 배웠어요. 이제는 내가 동료들에게 '멋진 아침이에요, 여러분!' 하고 인사하는 사람이 되었어요. 그렇게 인사하면 내 기분도 아주 좋아진답니다."

실천방안

　의욕이 없거나 우울한 기분이 들 때면 행복해지기로 결정하자. 하루를 황량하게 보낼 것인지, 아름답고 풍요롭게 경험할 것인지는 오직 당신의 선택에 달려 있다!

고객을 향한 서비스 마인드를 가져라

지난번에 택시를 탔을 때 어땠는지 기억할 수 있는가? 기억이 나지 않는다고? 그렇다면 다음 장면을 상상해 보자.

택시는 다 찌그러지고 몇 년 동안 한 번도 세차를 하지 않은 듯하다. 운전사는 무뚝뚝하고 심술궂은 표정이다. 택시 안에서는 담배 냄새와 음식 냄새, 체취가 섞인 퀴퀴한 냄새가 풍기고, 좌석과 바닥은 더럽기 짝이 없다.

게다가 택시 운전사는 운전을 하면서 계속 다른 운전자들을 욕하고 거친 말을 내뱉는다. 손님이 그의 말을 듣고 있다는 것은 안중에 없는 듯하다. 목적지에 도착하여 당신은 얼른 그 택시에서 탈출하고 싶을 뿐, 팁을 주고 싶은 생각은 눈곱만큼도 없다.

이제 다른 상황을 그려보자.

택시는 마치 방금 세차를 하고 온 것처럼 깨끗하다. 운전사는 당신을 보자마자 곧바로 튀어나와 문을 열어준다. 내부는 깨끗하고 잘 정돈되어 있으며, 운전사는 친절하고 예의바르다. 그리고 당신이 어떤 라디오 방송을 좋아하는지, 아니면 음악을 듣지 않고 조용히 가는 걸 원하는지, 운전사 옆 좌석에 놓인 신문 중 하나를 읽기를 원하는지 묻는다.

운전사는 능숙하게 운전을 하지만 과속하지 않으며, 다른 운전자들을 욕하지 않고 아주 교양 있어 보인다. 목적지에 도착해 당신이 내릴 때 운전사는 다시금 자동차 문을 열어주며, 다정한 미소로 작별 인사를 한다.

당신은 어떤 택시를 타고 싶은가? 틀림없이 두 번째 택시를 타고 싶을 것이다. 두 택시는 확연하게 다르지만, 오늘날 상품과 서비스는 더 이상 좋고 나쁨을 가릴 수 없을 정도로 우열의 차이가 없다. 그래서 고객들의 눈은 갈수록 높아지고 까다로워진다. 서로 오랫동안 사업상 파트너 관계를 맺어왔더라도, 작은 일로 인해 관계가 어그러지는 경우가 많아 졌다. 고객 지향적인 행동은 매우 중요한 요인으로 부상했다.

실천방안

당신의 회사와 직원들은 기분 좋은 택시인지 점검하라. 기분 좋은 택시처럼 모든 것이 멋지다는 생각이 들더라도 더 개선할 점은 없는지 논의하라.

당신의 회사가 별로 타고 싶지 않은 택시와 같다면 빨리 변화를 모색해야 한다. 고객들에게 어떤 면에서 서비스를 개선해야 할지 물어보는 것이 가장 빠르다.

서비스 마인드는 주문과 배달 또는 수리 서비스를 제공하는 데 그치지 않는다. 그 정도는 이제 누구나 할 수 있다. 서비스 마인드는 그것을 뛰어넘어야 한다. 무엇보다 이 회사에 속한 모두가 고객을 위해 기쁘게 일하고 있다는 것을 느끼게 하는 데 있다. 고객은 당연히 그것을 기대할 수 있어야 한다. 결국 우리는 고객 덕에 먹고사는 것이니 말이다.

직원들을 놀게 하라

큰 다국적 기업의 회장을 만났다.

"직원들을 만나면 그들이 우리 회사에서 재미있게 일하고 있는지 궁금해집니다. 일에 재미를 못 느끼고, 회사 분위기가 안 좋으면 많은 직원들이 자신이 가진 열정을 쏟아낼 수 없잖아요. 이직률도 높아질 테고요. 그러면 회사로서도 큰 손해 아닙니까. 그래서 직원들이 즐겁고 신나게 일한다는 느낌을 받았으면 하는데…… 무슨 개선 방안이 있을까요?"

나는 이 회사를 위해 '유머 상자' 운동을 도입했다. 유머 상자는 어디서나 통한다는 장점을 가지고 있으며, 가장 큰 장점은 유머 상자를 채우고 만드는 것이 아주 재미있다는 것이다.

실천방안

일상생활 가운데 우스운 물건이나 생각들을 찾아라. 우스운 포스터, 글, 스티커, 사진, 그림, 몰래 카메라로 찍은 비디오나 오디오 테이프, 봉제 동물 인형, 퍼즐, 잡지, 아이들 장난감 등 유머 상자에 넣어도 되겠다고 생각하는 모든 것들을 모아라. 그리고 스카치 테이프와 접착제, 포장지와 가위도 함께 준비하라.

유머 상자를 모두가 드나드는 장소에 놓아두라. 직원들은 내킬 때마다 유머 상자에 든 것을 소재로 놀이를 하고, 뭔가를 만들어서 벽에 붙이거나 어딘가에 세워놓을 수 있다. 정말 마음대로!

상사를 위해

직원들을 놀게 하라. 재미는 일에 대한 기쁨을 몇 배로 만들고, 생산성은 당신이 상상하지 못할 만큼 증가할 것이다. 시간이 아깝다고? 유머 상자에 집중하는 데 보내는 짧은 시간은 그로 인해 얻게 되는 이익과는 비교할 수 없이 적은 시간이다!

경청하는 자세를 가져라

한 남자가 피곤한 몸을 이끌고 퇴근하여 소파에 앉아마자 텔레비전을 켠다. 하루 종일 아빠를 기다린 두 아이는 아빠 옆에 붙어 앉아 그날 있었던 일들을 떠들어대기 시작한다. 아빠는 간혹 "그랬어? 그랬어?"라고 대꾸를 한다. 그러나 정신은 텔레비전에 가 있다. 몇 분 후 작은딸이 뾰로통해져서 이렇게 외친다.

"아빠! 아빤 내 이야기를 듣고 있지 않아!"

"아니야, 다 듣고 있대도!"

아빠는 딸을 달래보지만, 딸은 이미 실망해서 방문을 닫고 들어가버린다.

두 시간 후, 텔레비전에서는 바야흐로 재미있는 추리극이 방영

161

되고 아이들은 이미 잠자리에 들었다. 이제 아내가 남편 옆에 앉아 아이들 학교와 유치원에서 있었던 일들에 대해 이야기하기 시작한다. 그러다가 아내는 말을 멈추고 두 시간 전의 아이들과 똑같은 반응을 보인다.

"당신은 내 이야기를 전혀 듣고 있지 않아! 당신의 온 관심은 텔레비전에 가 있어. 다른 모든 것은 아무래도 좋은 거야!"

남편은 화가 나서 이렇게 소리친다.

"듣고 있대도 그러네!"

한 환자가 의사에게 자신이 어디가 불편한지를 설명한다. 의사는 환자를 주의 깊게 바라보며 간혹 고개를 끄덕이지만, 머리는 다른 생각으로 가득 차 있다. 환자가 이제 어떻게 해야 하느냐고 질문하자, 의사는 깜짝 놀라며 환자에게 다시 한 번 증상을 말해달라고 부탁한다. 방금 '아주 중대한' 경우를 생각하느라 모든 것을 제대로 듣지 못했다면서. 아주 중대한 사안이란 사실은 다음 저녁 식사에 초대할 손님 목록이다.

아주 비슷한 장면들이 소매상점에서도 일어나고, 식당에서도 일어나 잘못된 식사가 앞에 놓이기도 한다. 그런 일을 당한 사람들은

화가 나고 실망스럽다. 상대방이 자신의 말을 귀담아듣지 않았다는 것이고, 이는 존재감을 인정받지 못했다는 것과 같다.

실천방안

- 동료나 자녀, 배우자가 당신의 관심을 필요로 하는 것 같으면 일단 라디오나 텔레비전을 *끄고*, 전화가 걸려 와도 조금 뒤에 다시 걸겠다고 양해를 구하라.
- 전화벨이 울리거나 방문객이 있으면 하고 있던 컴퓨터 작업을 중단하라. 전화 건 사람 혹은 방문객에게만 집중하라.
- 고객에게 꼭 필요한 물건을 팔려면, 클라이언트에게 올바른 조언을 해주려면, 환자에게 올바른 치료법을 지시하려면 상대방의 말에 귀를 기울이는 것이 기본이다.

우선 대화 파트너를 바라본다. 나아가 "아하" 또는 "재미있네" 처럼 그의 말을 듣고 있음을 확인해 주는 감탄사나 단어를 말한다. 이런 행동으로 당신이 정말 귀기울여 그의 말을 듣고 있음을 표현할 수 있다.

상대방이 말을 끝내면 그의 말을 반복해라. 이런 테크닉을 '패러

프레이징(Paraphrasing)' 이라고 한다. "그러니까 내가 제대로 알아들었다면 일이 이러이러하단 말이지?"라고 확인하면 오해를 예방할 수 있다. 또 상대방이 말한 원래 내용과 맞지 않을 때 수정받을 수 있다. 그로써 상대방은 당신이 진심으로 그의 문제에 대해 함께 공감하고, 고민하고 있다는 느낌을 받는다.

또한 사람들이 당신에게 어떤 문제를 상담하면서 해결책을 제시해 주기를 기대할 때, 당신은 패러프레이징을 하면서 생각할 시간을 벌 수 있다. 이런 몇 초간은 때로 논지를 펴는 데 아주 도움이 된다. 그리고 당신은 아주 인기 있는 대화 상대자가 될 것이다.

고객은 왕 이상이다

레스토랑과 와인전문점은 문외한을 짧은 시간에 포도주 전문가로 만들어준다. '냅킨은 어떻게 접는가?' '어떤 음료에 어떤 잔이 어울리는가?' '테이블에서 받침 접시를 거두어야 하는 시점은 언제인가?' 예절 세미나에서 배울 수 있다. 은행들은 컨설턴트를 고용하여, 직원들이 고객을 대할 때 가져야 할 마음가짐을 교육시키는데 주력하고 있다.

백화점이나 쇼핑몰은 부모가 쇼핑을 하는 동안 아이들을 맡아주는 놀이방을 운영하며, 레스토랑과 식당 등에도 아이들을 위한 놀이방이 마련되어 있다. 어떤 쇼핑몰에는 여자들이 쇼핑하는 동안 남편들을 맡길 수 있는 카페가 있기도 하다. 화장품 매장에서는 메이크업 쇼를 열어 기회가 닿는 대로 손님들에게 메이크업 노하우를 가르쳐주고 있다.

어떤 회사는 고객들에게 직접 담당 직원의 사진을 보내고, 기술 지원 분야에서는 누가 담당 파트너인지를 알린다. 휴대전화 사용자들을 위한 집중 강좌, 화랑 고객들이 자신들의 작품을 전시할 수 있는 프로그램도 있다. 박물관은 단순히 관람 수준을 넘어 체험학습장으로 변신하고 있다. 다양한 의상과 분장 도구들을 갖추고 어린이들이 공주, 왕자, 시녀, 장군 등으로 놀아볼 기회를 제공한다. 전원의 식당에는 작은 동물원이 마련되어 식사를 기다리는 어린 손님들이 싫증내지 않도록 해준다. 고객들에게 좋은 반응을 얻어낼 수 있는 아이디어는 끝이 없다.

오늘날 우리는 언제 어디서든 적절한 기분전환 거리를 제공하는 체험 사회에 살고 있다. 고객은 왕 이상이다. 그 어떤 곳에 있더라도 고객은 늘 즐거워야 한다. 그리고 이런 새로운 형태의 고객 지향 마인드는 더 많은 소비와 매출에 기여한다.

실천방안

당신이 일하는 회사에도 고객을 위한 특별 프로그램이 준비되어 있는가? 그렇지 않다면 상사, 동료와 힘을 합쳐 다른 기업과는 차별화되는 새로운 아이디어를 계발하기 위해 머리를 맞대라! 함께 체험 가치를 높여라. 그렇지 않다면 더 이상 살아남을 수 없을 것이다.

규칙도 재미있게 배우면 꼭 지킨다

회사의 안전 담당 직원들은 작업 중에 발생하는 사고의 대부분이 직원들이 안전 규칙을 제대로 알고 준수했더라면 일어나지 않았을 것이라며 안타까워한다. 안전불감증이 문제이다. 안전 규정은 읽지도 않은 채 서랍 속에 들어가 있거나 게시판에 슬프게 매달려 있다.

사고가 일어난 후에야 비로소 사람들은 어딘가에 굴러다니던 안전 규정 문서를 기억한다. 결국 안전 담당자들은 또다시 전 직원을 모아놓고, 이제부터는 모두가 그 규정을 인식하기를 바라면서 한 조항 한 조항 짚어가며 강의를 한다. '약발'은 다음 사고가 일어날 때까지 간다.

실천방안

　이해할 수 없는 법률 용어로 된 메마른 안전 규칙들을 숙지하는 걸 좋아하는 사람이 어디 있겠는가. 배워야 한다면, 최소한의 재미라도 있어야 한다!

　내용을 재미있게 바꾸어 강의를 준비하는 과정이 좀 힘들 수도 있다. 그러나 효과는 확실할 것이다. 재미있게 학습하면 숙지율도 훨씬 높아지기 때문이다.

카드로 기분을 표현하라

일을 하다 보면 어떤 때는 정말이지 아무도 방해하지 말았으면 할 때가 있다. 동료가 당신에게 무엇을 물어보아도 좋은 때가 있는가 하면, 일 분 일 초를 다투어 일을 마무리해야 하는 때도 있다.

그러나 다른 사람들은 당신의 현재 상태를 알 수 없는 노릇 아닌가. 당신이 지금 온 신경을 집중해야 하는 일을 하고 있는지, 아니면 말을 걸어도 괜찮은 상태인지는 들여다보지 않는 이상 알 수 없다. 그러나 대부분의 사람들은 꼭 우리가 여의치 않을 때 찾아온다.

가장 간단한 방법은 문 앞에 '방해하지 말아주세요'라고 써붙이는 것이다. 빨강, 초록, 노란색의 얇은 마분지로 둥근 카드를 만들어 신호하면 더 좋다.

문 앞에 붉은 카드가 붙어 있으면 이 순간 방해받고 싶지 않다는 의미이다. 노란 카드는 '조심', 초록색은 '들어와도 좋음!'이라는 뜻이다.

색깔이 동일한 세 개의 둥근 카드에 표정을 그려 넣어도 좋다. 하나는 웃고 있는 그림, 하나는 진지한 표정, 세 번째는 입 언저리가 아래로 처지게 그려라. 당신의 상태에 따라 해당 카드를 문에 붙여 놓으면 된다. 동료에게 일일이 당신의 상황을 설명하지 않아도 되고, 동료 또한 당신을 방해한 것 같은 미안함을 갖지 않아도 된다.

최강의 팀이 되자

요즘은 주로 팀으로 일한다. 팀은 이제 우리의 몸과 같다. 때로는 아주 힘이 넘치지만, 때로는 그렇지 못하다. 팀원 중 한 사람이 컨디션이 좋지 않고 의욕이 없을 때는 팀의 전략이 흔들릴 수 있다. 유감이 아닐 수 없다. 기본적으로 모두가 성공을 원하기 때문이다.

실천방안

경기를 앞둔 축구팀이 어떻게 훈련하는지 관찰한 적이 있다. 선수들은 원으로 둘러서서 머리를 맞대고 밝게 웃으며 오늘 경기는 반드시 이길 것이라고 서로 격려한다. 그리고 자신들이 최강의 팀이라는 것을 마음에 새긴다.

매일 아침 업무를 시작하기 전에 팀 동료들과 모여라. 그리고 우리는 최강의 팀이며, 오늘도 모든 것이 성공적으로 진행될 것이라고 말하라.

때때로 제대로 돌아가는 일이 하나도 없는 것처럼 보일 때도 있지만 절망하지 말자. 그럴 때는 잠깐 모여서 경기장의 팬들처럼 소위 물결 응원을 해보라. 가능한 큰 소리로 웃어라. 이제 최강 팀의 성공에 거칠 것은 없다!

재미있는 자극이 학습 효과를 높인다

당신이 교사라서 아이들과 함께 생활하고 있을지도 모른다. 혹은 코치로 활동하거나, 회사 내에서 후배들을 양성하면서 멘토 역할을 하고 있을지도 모른다. 그러면 당신은 많은 교사, 트레이너, 교관, 코치들이 자신이 전달한 내용을 학생들이 잘 숙지하지 못해 안타까워한다는 것을 알고 있을 것이다.

"모든 것이 커피 속의 아이스크림처럼 들어가면 없어지는데 내가 무엇 때문에 이 고생을 하나 싶어요."

많은 사람들이 절망적으로 자문한다. 교육자로서 학생들이 교육 내용에 집중하고, 학습률도 좋기를 바라고 있지 않는가?

실천방안

카드놀이 세트를 마련하라. 시작 전에 모든 학생들은 카드 한 장씩을 뽑는다. 자신이 뽑은 카드의 값을 쪽지에 적어놓는다. 그리고 그 카드를 다시금 뭉치 속에 집어넣는다.

이어 수업을 시작한다. 수업을 마칠 때 배운 내용에 대해 질문을

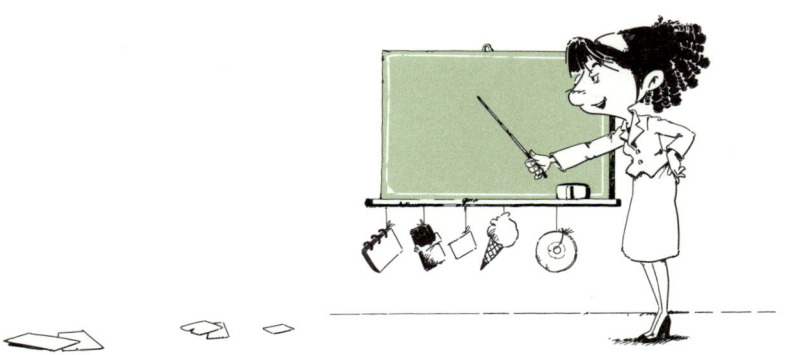

하는데, 시간은 10분 정도면 충분하다.

질문에 올바르게 대답한 학생들은 카드 한 장을 뽑을 수 있다. 더 많은 질문을 알아맞힐수록 카드를 더 많이 모을 수 있다. 클라이맥스는 답을 맞춘 누군가가 우연히 수업 시작 전에 뽑았던 바로 그 카드를 뽑을 때이다. 그 사람은 CD나 수첩, 초콜릿, 아이스크림 쿠폰 등 작은 선물을 받는다.

이제 당신은 모든 학생들이 굉장히 흥미롭게 수업에 참가하는 모습을 보게 될 것이다. 당신이 재미있는 자극을 주었기 때문이다.

고객에게 질문하라

판매의 기술에서 '질문하기'는 가장 중요한 기술 중 하나다. 그런데 사람들은 의외로 고객에게 질문을 하지 않는다. 많은 상품과 서비스에 대해서는 열광적으로 설명하면서, 그것들이 고객의 필요에 부응하는지에 대해서는 별로 생각을 하지 않는다. 그러나 중요한 것은 고객의 필요이고, 그 욕구에 의해 구매가 결정된다.

고객에게 효율적으로 질문을 던질 수 있으려면 다음과 같은 연습이 필요하다.

실천방안

직원들에게 500원짜리 동전 10개를 나누어 준다. 이 놀이는 하루나 최대 이틀 동안 진행될 수 있고, 원하는 만큼 자주 되풀이할 수 있다. 게임은 동료들의 모든 질문에 의미 있는 반문으로 맞서는 것이다. 그럼으로써 동료들에게 질문을 던지는 연습을 하게 된다. 차례가 된 사람이 대응 질문을 던지지 못하면 상대방에게 500원을 건네야 한다.

얼마나 효과를 거둘 수 있겠느냐고? 직원들은 동료와 상사로부터 차례 차례 500원을 뜯어내는 것을 무척 재미있어 할 것이다.

고객을 위한 놀이 공간을 확보하라

가을마다 빈에서는 장난감 박람회가 열린다. 장난감 박람회에서는 모든 장난감을 가지고 놀 수 있다. 어린아이부터 시작하여 컴퓨터 게임을 좋아하는 청소년, 전략 게임에 관심이 있는 성인에 이르기까지 모두가 즐길 것들이 있다. 각 업체의 홍보 담당자들은 관람객에게 그냥 지나치지 말고 직접 한 번 체험해 보라고 끊임없이 권한다.

장난감 가게에 들러 장난감을 가지고 놀아본 적 있는가? 한 번 체험하고 놀아볼 기회가 있으면 구매할 확률은 높아진다는 통계가 있다.

"만져보면 반쯤은 판 것이나 마찬가지다."

놀아보거나 시식해 보거나, 시험 운전을 해보거나, 시험적으로 앉아보거나 누워보는 것, 즉 테스트를 해본다는 것은 이미 마음이 기울었다는 의미이다.

당신은 방문객을 모두 고객으로 만들어 더 많은 이윤을 창출하기를 원하는가?

실천방안

놀이 공간을 많이 확보하라. 어떤 놀이는 바닥에서 할 수 있고, 어떤 놀이는 테이블이 필요하다. 가능하면 연령대별 놀이를 배치하라. 아이들처럼 재미있게 노는 어른들의 모습에 놀랄 것이다.

장난감 제조업체에 당신의 의도를 설명하고 도움을 구할 수도 있다. 이들은 적극적으로 협찬해 줄 것이다. 당신은 고객에게 커다란 기쁨을 제공하고, 이것은 자연스럽게 매출 상승으로 이어질 테니까 말이다.

이제 카메라와 커다란 스크린이 필요하다. 스크린을 가게 앞이나 쇼윈도에 세워놓아라. 장난감을 가지고 노는 사람들의 모습을 찍은 사진을 쇼윈도에 걸어놓거나 프로젝터로 스크린에 쏜다. 다양한 모습을 보여주면 더욱 좋다.

매장이 중심가에 있지 않다면 스크린을 사람들이 많이 지나다니는 장소나 광장에 세워놓아 많은 사람들에게 보여줄 수 있는 방법을 모색하라. 스크린 아래에 매장의 위치를 표시하는 것을 잊지 말라. 방문객 수가 늘고 그들이 당신의 매장에 머무는 시간이 더 길어질 것이며, 이런 투자를 통해서 매출이 대폭 상승할 것이다.

직원에 대한 감사를 표현하라

칭찬과 인정은 동기 부여를 위한 가장 강력한 수단이다. 그런데 유감스럽게도 너무 드물게 투입되는 수단이기도 하다. 직원들의 의욕을 북돋우는 데 칭찬해 주고 인정해 주는 것만큼 효과적인 수단은 없다. 긍정적이고 건설적인 피드백은 능력을 고양시키며 그로써 기업 성공의 토대가 된다.

나이에 상관없이 우리 안에는 일생 동안 어린아이가 숨어 있다. 그래서 인정받는 것을 좋아하고, 재미와 놀이에 대한 욕구는 결코 멈추지 않는다. 그러므로 직원들 안에 숨어 있는 어린아이를 자극하면 그들은 더 많은 힘과 열정과 에너지로 일할 수 있다.

실천방안

슈퍼마켓, 제과점, 정육점 등에서는 토요일이면 월요일까지 두면 상할 것 같은 상품들을 할인 가격에 판다. 이런 일로 얻은 수익금은 금고에 넣지 말고, 모았다가 여름 축제나 회사 차원의 야유회 비용으로 쓴다면 직원들의 수고를 인정한다는 것을 보여주는 좋은 방법이다. 이 방법은 두 가지 장점이 있다. 직원들의 수고가 보상되고, 버려지는 상품을 줄일 수 있다.

직원 중에 불가피하게 장기간 병가(病暇)를 내야 하는 사람이 있을 때, 이 직원의 업무를 처리할 보조 인력을 투입할 수 있는 기업은 몇 되지 않는다. 대부분 여러 동료들에게 분배되거나 한 직원이 떠맡아야 한다. 아픈 동료의 일을 맡은 직원은 자기 일까지 이중 부담을 져야 한다. 그렇다고 이 직원에게 상응하는 보상이 주어지는 것도 아니다. 우리가 알다시피 인정받고 싶은 욕구는 모든 사람에게 내재되어 있다. 금전적인 보상이 불가능하다면 표창장 같은 것이라도 수여해야 한다. 이 때 표창장에는 해당 직원이 기업의 실적에 많은 기여를 했다고 명백하게 언급해야 한다.

직원을 인정해 주는 또 한 가지 특별한 제안이 있다.

앞서 언급했듯이 많은 기업들은 비현실적인 성과 목표를 제시하

고, 그로 인해 직원들은 압박을 받는다. 반대로 사장이나 부서장들이 직원들에게 뭔가 특별한 것을 해줘야 한다는 압박을 받으면 어떨까? 목표에 도달하는 직원들에게 상사들만의 독특한 이벤트를 부상으로 건다면 직원들은 한층 의욕을 느낄 것이다. 단순히 보너스를 지급하는 것이 아닌, 타 부서와 차별화된 부서장만의 반짝이는 아이디어가 담겨 있어야 한다. 당연히 어떤 상사의 아이디어가 돋보였는지는 직원들의 평가가 이루어지겠지?

요즘 일생 동안 한 회사에 몸담는 사람들은 점점 줄어들고 있다. 그러나 어떤 사람들은 한 회사에 30~40년 몸담기도 한다. 회사는 이런 충성을 작은 파티나 특별 보너스, 좋은 선물로 보상한다. 이런 일은 마땅히 기념되고 축하받아야 한다! 회사로 들어오는 길목에 붉은 카페트를 깔고, 사장이 꽃다발을 들고 주차장이나 버스 정류장에서 기다렸다가 그를 맞이하여 사무실까지 인도하는 것은 어떨까!

대부분의 회사가 직원들의 탁월한 업적을 보여주는 증서나 표창장 같은 것을 게시한다. 그곳에 그 달의 우수사원만 공지하지 말고, 특히 친절한 태도로 일을 한다든지, 일과 함께 병행했던 학업을 성공적으로 마쳤다든지, 하프마라톤을 완주하는 데 성공한 일도 공지하고 축하하면 좋겠다.

그러나 가장 특별한 표창은 사장이 개인적으로 불러 직접 감사의 인사를 전하는 것이다. 고객이 접할 수 있는 잡지나 일간지 등에 사진과 함께 내용을 게재하는 것도 좋다. 그러나 자신을 드러내는 것을 꺼리는 사람도 있으므로 성향에 따라 적합한 것을 택해야 할 것이다.

칭찬하고 인정하고 감사를 표현하는 형식은 무궁무진하다. 형편에 어울리는 것을 찾아 감사와 인정을 표현하라!

먼저 변화를 시도하라

당신의 일이 시시하다고 생각되는가? 지금 하고 있는 일들이 별 의미가 없다는 생각에 변화를 시도하는 것조차 그만두었는가? 그래서 회의에 100퍼센트 집중하지 않는가?

실천방안

먼저 종이 한 장을 들고 '정말 나부터 변화를 시작해야 한다면 이것을 하리라!'고 생각되는 것을 모두 적어보자. 처음에는 아무것도 생각나지 않을지도 모른다. 괜찮다. 매일 한 시간 정도 시간을 가져라. 그렇게 일주일 정도 꾸준히 생각하다 보면 틀림없이 몇 가지는 생각날 것이다.

이어 당신이 생각했던 것들을 하나씩 실행에 옮겨라. 이걸로 무슨 변화가 있겠냐고? 작은 변화일 뿐이지만 분명 당신의 생각과 마음에는 새로운 에너지의 파장이 일어난다. 변화는 결코 거창한 것이 아니다. 작은 습관을 바꿔 나가다 보면 닫혀 있던 생각과 마음의 문이 열리고 보이지 않던 세상이 펼쳐진다.

언제나 다른 사람들만 변해야 하는 것은 아니다. 스스로의 행동과 태도를 새롭게 하는 것으로 충분하다.

실패한 동료에게 날개를 달아주라

작은 참새가 있었다. 참새는 하늘을 날아다니는 것을 매우 좋아했다. 열심히 연습해서 팔자비행을 아주 멋지게 해냈고, 조금씩 다른 형상들도 그려낼 수 있었다. 어느 날 비행하느라 즐거운 나머지 소나기 구름이 몰려오고 있다는 사실을 알아채지 못했다.

갑자기 어마어마한 구름이 하늘을 뒤덮더니 강한 바람과 함께 소나기가 쏟아지기 시작했다. 미처 피하지 못한 참새는 바닥으로 추락하여 한쪽 날개가 부러지고 말았다. 마침 한 소녀가 땅에 떨어진 참새를 발견하여 동물병원으로 데려갔다.

일주일 후 소녀는 참새를 자연으로 되돌려보내고자 했다. 하지만 부러진 날개가 완전히 치료되었는데도 참새는 날려고 하지 않았다. 의기소침하고 슬픈 표정으로 바닥에서 종종거릴 뿐이었다. 아름다운 햇살도 참새의 마음을 바꾸지 못했다. 저 높은 나무의 맛있는 열매도 그를 날게 하지 못했다. 참새는 또다시 날개가 부러질까봐 두려웠던 것이다.

시간이 한참 흘렀다. 참새는 이제 자신이 날 수 있다는 것조차 잊어버린 듯했다. 그 때 갑자기 가벼운 바람이 참새를 감싸더니 두둥실 공중으로 띄워 올렸다. 참새는 본능적으로 날개를 펴고 퍼덕거렸다. 그러자 순식간에 그 동안의 두려움이 온데간데없이 사라졌다.

참새와 비슷하게 우리 역시 살면서 맞서야 하는 많은 과제들을 만난다. 그런데 어떤 사람들은 그 과제를 쉽게 극복하는 반면, 어떤 사람들에게는 매우 어려운 일이다. 그리고 지금까지 아주 성공적으로 해냈던 사람들도 때때로 실패 앞에 좌절하기도 한다.

최선을 다 한다 해도 사람은 항상 100퍼센트 성공적인 삶을 살지 못한다. 직장생활에서도, 사생활에서도 말이다.

그런데 실패와 좌절을 겪었을 때 사람들은 아주 다양한 반응을 보인다. 어떤 사람은 그럼에도 용기를 잃지 않고 목표를 향해 부단히 노력하지만, 어떤 사람은 실패 속에서 허우적거리며 회복하기까지 아주 많은 시간을 필요로 한다. 전에는 잘 해냈던 도전까지 예전과 똑같은 열정으로 받아들이지 못한다. 또다시 실패할까봐 겁이 나 어려운 상황은 피하기만 한다. 그리하여 그들은 바닥에서 종종거리고 다니며 부스러기나 찍어먹을 뿐 나무 위에 있는 맛있는 열매는 포기해 버린다.

실천방안

가까이에 예기치 않은 실패로 자신감을 잃어버린 동료가 있다면 그를 비웃거나 짓밟지 말라. 그렇지 않아도 그는 충분히 힘들다.

당신은 여전히 그를 믿는다고 말해주라. 실패가 아무리 비극적일지라도 실패에서 뭔가 배울 것이 있다는 점을 알게 하라. 그에게 예전의 성공들을 기억시켜주고 용기를 주라!

동료 간의 분쟁은 반드시 해결하라

때로 윗사람들끼리 사이가 좋지 않아 기회만 있으면 서로 헐뜯고 이간질하고 모함하는데도 기업이 잘 돌아가는 것에 놀랄 때가 있다. 그러나 늦든 빠르든 그런 기업은 틀림없이 삐걱거리고, 상부의 반목은 전 기업으로 퍼져 나간다. 작은 가족 같은 회사에 해당되는 이야기가 아니다. 큰 기업에서도 그런 일이 있을 수 있다.

큰 기업에서는 조직의 리더들이 화합하지 못하면 낮은 직급에서도 틈이 생긴다. 이런 전쟁은 종종 굉장히 심각하게 진행된다. 경리부의 직원들은 판매부 직원들에게 협조하지 않고, 서비스팀은 구매부 사람들과 반목한다. 부서 내부의 직원들끼리 쓸데없이 경쟁 관계에 있는 경우도 많다. 한 영업사원은 다른 영업사원이 실적을 올리는 것을 탐탁해 하지 않는다. 어떤 사람은 다른 사람보다 더 큰 사무실을 쓰고, 어떤 비서는 아르바이트생을 두고 있다. 몇 층을 쓸 것인가를 놓고 서로 으르렁거린다.

당신의 회사도 비슷한 상황인가? 하지만 당신은 전쟁을 끝내고 싶은가? 그리하여 모두가 드디어 중요한 일에, 즉 기업의 성공에 집중하기를 원하는가?

실천방안

적대적인 사람들을 회의실로 모이게 하라. 필요한 경우 중재자도 오게 하라. 직원들의 갈등이 조직의 파국을 초래할 것이며, 이것은 그 자리에 모인 개개인에게도 결코 좋지 않는 영향을 줄 것임을 명백히 하라.

얼마나 많은 개인 간의 시기와 질투가 회사에 해를 끼쳐왔는지 누가 알겠는가? 그에 대해 이야기하고 서로 토론하라. 당신이 불편한 사항과 그 이유를 말하라. 그리고 상대방에게도 똑같은 변론의 시간을 주어라. 자신의 의견이 관대하게 받아들여지기를 원하는 만큼 다른 사람들의 의견도 수용해야 한다. 이런 과정에서 분위기가 달구어지는 것은 아주 정상적인 일이다. 놀라지 말라.

그러나 자신의 입장만 주장하지 말고 해결책을 모색하라. 우리는 말싸움을 하자고 모인 것이 아니다. 때로는 타협이 필요할 것이다. 타협하는 것이 계속적으로 대치하는 상황보다는 훨씬 낫다. 절대 상대방에게 모욕을 주거나 상처를 주지 말라. 당신의 목표는 다시금 서로 존중하고 신뢰하고 잘 협력하는 것이다. 어쨌든 이런 일을 통해 쌍방이 진정한 친구가 되지는 못할지언정, 서로에 대해 더 잘 알게 될 것이다.

서로 관계를 회복한 후에라야 회의실을 나서라. 시간이 꽤 걸릴 수도 있다. 그러나 이런 수고는 분명 가치가 있다.

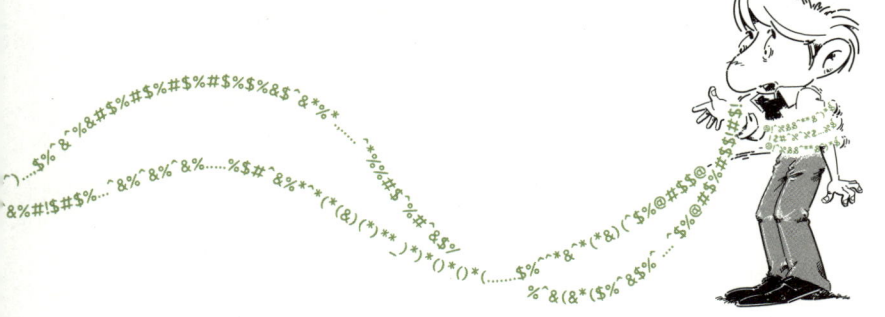

내 인생을 연출하는 것은 나 자신이다

몇 년 전 한 은행이 중요한 고객들을 강연회에 초대한 적이 있다. 연사는 국제적으로 저명한 사람이어서 강당은 사람들로 가득 찼다. 은행장이 짧게 인사말을 한 후 연사가 올라왔다. 그는 미소를 지으면서 청중들을 둘러보고는 마이크를 잡았다.

"나의 어머니는 공장에서 다림질 일을 했고, 아버지는 버스 운전사였습니다. 우리 집은 찢어지게 가난했습니다. 부모님은 열심히 일했지만 늘 돈에 쪼들렸고 간신히 먹고살 정도였습니다. 사는 데 꼭 필요하지 않은 것은 도무지 살 수가 없었지요. 어린 나는 포도가 무척 먹고 싶었습니다. 그러나 포도를 사먹을 형편이 아니었어요. 하지만 어떤 상태가 우리의 마음에 들지 않는데 계속 그대로 유지할 필요가 있을까요?

열한 살이 되면서 나는 더 이상 포도를 포기할 필요가 없도록 돈을 벌기로 결심했습니다. 그 때부터 포도뿐 아니라 내게 필요하고, 내가 갖고 싶은 것을 스스로 살 수 있을 정도로 돈을 벌었습니다.

우리는 원하지 않는 상황에 그대로 머물러 있을 필요가 없습니다. 우리의 인생을 결정하는 것은 운이나 형편이나 배경이 아닙니다. 우리 스스로가 변화를 만들어 나가는 주체입니다. 그것을 절대 잊지 마십시오!"

연사는 다름 아닌 미래학자이자 세계적인 베스트셀러 작가인 존 나이스빗(John Naisbitt) 교수였다. 그는 40년간 IBM, 이스트먼코닥 등의 경영진으로 활동하고 미국, 유럽, 아시아 등의 국가 수뇌, 경제 정책 브레인 및 기업체 총수들에게 자문 및 강의활동을 해오고 있다.

"원하지 않는 상황을 그대로 방치하지 않아도 된다. 마음에 들지 않으면 변화시켜라!"

지금의 상황이 불만족스럽거나 불행하다고 느낄 때, 이 문장을 모토로 삼아라.

실천방안

당신의 삶에서 마음에 들지 않는 것은 무엇인가? 무엇을 변화시키고 싶은가? 우선은 떠오르는 모든 사항을 메모하라. 언제 무엇을 하겠다는 구체적인 전략과 계획까지 세우면 더 좋다. 그 시작은 작아도 상관없다. 실패한 인생은 다시 도전하지 않는 것일 뿐 성공의 크기와는 상관없다.

그러므로 당신의 삶을 변화시키고 싶다면 바로 지금이 적절한 시점이다. 다음 연습이 당신에게 도움이 될 것이다.

연습

당신의 삶이 한 편의 소설이라고 상상해 보자. 그리고 중요한 모든 사건을 순서대로 그려보고, 자신의 삶을 객관적으로 바라볼 준비를 하라.

당신의 지나간 첫사랑, 처음 겪었던 실패, 그리고 처음으로 성취한 성공……. 이제 당신은 삶의 목표를 갖게 되었다. 그렇다면 해피엔딩으로 마무리할 수 있을까?

이제 자신의 소설을 비평해야 한다고 상상해 보라. 주인공은 삶을 어떻게 해결해 나가고 있는가? 주로 어떤 사람들을 만나며, 인생의 목표를 어디에 두고 있는가?

이어 이 인물의 어디가 마음에 드는지, 혹 바꾸고 싶은 부분은 없는지 생각해 보라.

이제 서서히 현실로 돌아와라. 자신의 삶을 객관적으로 들여다본 소감이 어떠한가? 의지만 있다면 당신의 인생은 언제든 새로이 만들어 나갈 수 있음을 실감했는가? 매일 소설을 다시 쓰고, 인물을 수정하고, 사건을 변화시키고, 당신의 삶을 새로이 연출할 수 있다. 놀랍지 않은가?

신입사원을 배려하라

요즘에는 많은 기업에서 조직의 구성 단위를 팀으로 묶는 것이 일반화되고 있다. 팀은 최소한의 단위로서 일을 할 때는 매우 효율적이지만, 자칫 관계에서는 폐쇄적일 수 있다. 그래서 신입사원 혹은 다른 팀에 있던 직원이 팀에 새로 배치될 경우 반응은 가지각색이다. 즉석에서 아주 열광적으로 받아들여지는 경우가 있는가 하면, 사람과 익숙해지는 데 좀 더 오래 걸리는 경우도 있다. 때로 새로운 동료를 받아들이지 않을 때도 있다. 그것은 꼭 새로운 동료가 능력이 부족하거나 일을 잘 못하기 때문이 아니다. 그들의 능력은 언급되지도 않는다. 하지만 실수라도 하게 되는 날이면 그는 상사와 동료들의 과도한 비난과 조소에 무방비로 내맡겨지게 된다.

의욕을 가지고 사회생활에 첫발을 내딛은 신입사원으로서는 의욕이 꺾이는 일이다. 그래서 마음속으로는 이미 회사를 그만둔 상태로 새로운 일자리를 알아본다. 회사 입장에서는 보충하기 어려운 인력을 잃게 되는 경우가 많다.

새로운 동료에게 기회를 주라! 당신이 신참내기였을 때를 떠올리면 그가 얼마나 긴장하고 있는지 짐작이 가지 않는가. 팀에서 그를 환영하며 그와 함께 일하게 될 시간에 대한 기대를 보여주라.

보통 새로운 사람이 들어오면 그가 배치될 부서 혹은 전 회사를 돌아다니며 모든 직원들에게 그를 소개시킨다. 누가 무엇을 담당하고 있으며, 누가 어떤 위치인지를 알려주고, 복사기에서 커피 머쉰을 거쳐 화장실까지 회사의 모든 시설을 안내하고, 문서 보관 장소를 알려주고 나면 당신은 그가 모든 것을 파악했고 알게 되었다고 판단한다.

그래서 출근한 지 이틀째에 그가 전날 설명했던 내용을 다시 물어보면 선배들은 벌써 안색이 변한다. "벌써 다 이야기해줬잖아! 설명해 줄 때 뭘 듣고⋯⋯."라며 코맹맹이 소리를 낸다. 어제 보았던 친절은 사라지고 없다.

셋째 날에도 '노련한' 직원들의 눈에는 아주 당연하고 쉬운 질문을 되풀이한다. 선배들은 점점 더 언짢고 불친절하게 반응한다.

"그것쯤은 파악하고 있어야 할 게 아냐. 정말 머리가 안 돌아가는 인간임에 틀림없어……." 이쯤 되면 신입사원은 자신이 무능한 인간인지 회의에 빠진다.

자신들은 몇 년에 걸쳐 하나씩 습득해 나간 것을 신입사원은 하루에 완전히 다 습득해야 한다고 생각하는 사람들이 많다. 당신이 회사에 입사했을 때도 지금의 신입사원처럼 긴장했었고, 모든 것을 잘 해내기를 바랐다. 그러다가 실수라도 하고, 모르는 것을 물어봐야 할 때면 얼마나 힘들었는가?

실천방안

그리스 철학자 플라톤은 "일 년 동안 이야기를 나누는 것보다 한 시간 같이 놀아보면 그 사람에 대해 훨씬 많은 것을 알 수 있다."고 했다.

그러므로 이제 새로운 동료가 팀에 합류하면 구성원의 이름과 얼굴을 익힐 수 있는 레크리에이션 시간을 가져보자. 신입사원은 회사 또는 부서를 아주 빨리 파악할 수 있을 것이고, 기존 직원들은 짧은 시간 안에 신입사원에 대해 더 많은 것을 알게 될 것이다.

무엇보다 신입사원을 배려하는 마음이 중요하다. 낯선 상황에서 긴장되기 마련이다. 그래서 잘하던 것도 실수한다. 그 때 누군가 당신에게 든든한 받침이 되어주면 당신도 기쁘지 않겠는가.

인내심을 가지고 새로운 동료를 받아들여라. 그가 어엿한 팀원으로서 하루 빨리 소속감을 느낄 수 있도록 배려하라.

자신의 일을 자랑스럽게 여겨라

젊은 시절 나는 시골의 작은 회사에서 근무했다. 그 회사에서 내가 맡은 일 중에는 토요일 오전 회사 현관 앞 공터를 비질하는 것도 포함되어 있었다. 그런데 그 공터는 사람들이 많이 다니는 큰 도로에 접해 있었다.

멋진 아가씨들이 많이 지나다녔는데, 나는 모두가 비질하는 내 모습을 무시하는 듯 바라본다는 기분에 사로잡혔다. 때는 바야흐로 막 이성에 대한 관심이 싹터서 여자들에게 잘 보이고 싶어 하던 시절이었다. 그래서 나는 토요일마다 굳은 표정으로 비질을 했다.

'나는 빗자루를 들고 궂은일을 하는 별 볼일 없는 남자야, 이래 가지고서야 어떻게 여자들에게 호감을 얻고 좋은 인상을 줄 수가

있겠어?'

하지만 윗사람이 시키는 일을 마다할 수는 없는 노릇이었다. 그러던 어느 날 윗사람이 나를 불렀다.

"자네, 비질하는 것이 싫지?" 상사가 다정하게 묻자 나는 마음이 울컥했다. 그래서 "네……."라고 솔직하게 대답했다. "아가씨들 때문에?" 그가 다시 물었고, 나는 고개를 끄덕이며 바닥만 뚫어져라 쳐다보았다.

"아가씨들 때문이라면 전혀 그런 생각하지 말게. 자네가 그런 일을 한다고 우습게 보는 아가씨들이라면 자네가 상종할 만큼 괜찮은 아가씨들이 아니니까."

나는 이 말을 일생 동안 잊어본 적이 없다. 그 대화 이후로 나는 언제나 내 일을 자랑스러워했고, 누군가 내 일을 업신여기지 않을까 하는 생각으로 공연한 에너지를 낭비하지 않았다.

얼마 전에 텔레비전에서 사람들이 피하고 싶어 하는 직업에 종사하는 사람들에 대해 방영한 적이 있었다. 제일 먼저 쓰레기 소각장에서 일하는 중년의 남자가 인터뷰를 했다. 그는 20년 넘게 그곳 컨베이어 벨트 앞에 서서 소각해서는 안 될 쓰레기를 분류하는 일을 하고 있었다. 그 일이 즐거우냐는 리포터의 질문에 그는 이렇게 대답했다.

"나는 여기서 즐겁게 일해요. 아주 오래 되었죠. 이 일은 다른 일과 다를 게 없어요. 그리고 나는 이 일이 중요한 일이라고 생각해요. 그런데 무엇 때문에 부끄러워하겠어요?"

그 다음에는 스물다섯 남짓한 젊은 청년이 나왔다. 그는 동물 시체 처리장에서 일을 하고 있었다. 그가 하는 일은 동물 시체에서 가죽을 벗겨내는 일이었는데, 때로 시체가 썩어서 악취가 심하게 풍겼다. 하지만 그 청년은 웃는 얼굴로 자신이 벗겨낸 동물 가죽은 무두질을 거쳐 고급 자동차의 좌석 커버로 제조된다고 설명했다. 그 역시 즐겁게 일하고 있었으며, 자신이 동물 시체 처리장에서 일한다는 것을 부끄러워하지 않았다.

당신은 개인 사업장에서 일하며 일주일에도 여러 번 쇼윈도 유리를 닦는지도 모른다. 당신이 창피해 하며 마지못해 유리를 닦을 때 사람들은 당신이 그 일을 싫어한다는 것을 확연하게 느낄 수 있다. 심부름을 다녀야 하거나, 원래 업무와 관계없는 소위 '품위'에 맞지 않는 허드렛일을 해야 하는지도 모른다. '이런 일을 할 때 부디 누가 나를 보지 않기를!'이라고 당신은 늘 생각한다. 그러니 어떻게 일이 재미있을 수 있겠는가?

실천방안

그 일을 한다는 게 자존심이 상하는가? 우리의 자존심을 해치는 것은 일 자체가 아니라, 일을 하는 우리의 마음 자세이다! 그러니 당신의 마음 태도를 변화시켜라.

감동적인 체험은 구매로 이어진다

어떻게 하면 소비자를 매장으로 이끌고, 또 어떻게 하면 구매로 이어질 수 있는지 늘 고민하고 있는가? 홍보 이벤트를 하고 텔레비전 광고를 하는 것만이 최선인데, 그것은 규모가 큰 업체에서나 실행 가능한 것이라고 생각하는가? 그래서 고객이 찾아오기만 하염없이 기다리고 있는가? 그러나 창의성은 비용의 문제가 아니며, 좋은 생각이라고 꼭 비용이 많이 드는 것은 아니다.

실천방안

식료품점을 경영하고 있다면 요리 강습을 주최해 보라! 요리 강습에 별 세 개짜리 호텔의 주방장이나 텔레비전 스타를 동원할 필요는 없다. 고객이나 지인 중에 특히 요리를 즐겨하고 잘하는 사람이 있을 것이다. 무림에 고수가 숨어 있는 법이다. 그런 사람을 초청하여 멋진 쇼를 연출해 보라. 홍보는 매장에 포스터를 붙여놓는 것으로 충분하다. 초대권을 배부하면 꼭 참석해야 할 것 같은 기분이 든다. 요리 강습은 한 시간 정도면 충분하다. 단, 요리사로 하여금 당신의 가게에서 파는 재료로 요리를 만들게 하라.

당신의 매장에 별도의 포도주 코너가 마련되어 있다면, 포도주 전문가를 초청하여 관심 있는 고객들에게 소믈리에의 기본 기술을 가르쳐주도록 하라. 대부분의 사람들은 어떤 음식에 어떤 와인이 어울리는지를 잘 알지 못한다. 포도주는 어떻게 따르며, 어떻게 보관하는가? 이런 종류의 질문에 대한 설명이 이루어진 후, 포도주를 시식하는 순서가 이어진다.

가전제품 대리점을 운영하는가? 당신의 경험에 비추어보기만 해도, 얼마나 많은 고객들이 매일 쏟아져 나오는 다양한 가전제품을 사용하는 것에 어려움을 겪고 있을지 짐작이 갈 것이다. 대부분의 기능을 활용하지 못하는 고객들이 많다. 집에 DVD 플레이어를 들여놓고도 제대로 사용하지 못하고 있다면 그 물건을 판 대리점의 잘못이라 할 수 있다. 또한 가전제품 사용설명서는 너무 난해하게 번

역되어 있어 무용지물이며, 읽고 있으면 분노가 치밀 지경이다. 그러므로 다양한 가전제품의 사용법을 설명해 주는 간이 세미나를 마련하면 고객들의 반응이 좋을 것이다. 컴퓨터, 노트북, 텔레비전, CD 플레이어, DVD 플레이어, 휴대전화, 다리미나 커피 머쉰 등 상관없다. 그리고 직원들로 하여금 강연을 분담하도록 하라. 이런 프로그램의 부수 효과는 고객들이 판매원들을 더욱 신뢰하게 된다는 것이다.

점점 더 많은 사람들이 온라인 뱅킹을 이용하고, 몇 달씩 은행을 직접 찾아가는 일이 없는 경우가 많다. 이런 고객들을 다시금 각 지역의 지점과 연결시키기 위한 방법이 있다. 고객들의 은행 나들이를 작고 즐거운 체험으로 만들어라. 은행에 아이들을 위한 작은 놀이방을 마련하고, 엄마와 아이가 편안하게 느낄 수 있도록 아기자기하게 꾸며라.

더 나아가 은행에서 여러 가지 주제의 재정 세미나 내지 재테크 세미나를 여는 것도 좋을 것이다. 혼자서는 만나보기 힘든 유명 재무설계사라면 없던 시간도 만들어서 온다. 그밖에 책을 소개하거나 맛보기 낭독회를 열거나 음악회를 개최하는 것도 좋은 아이디어다. 전문 강연에 이어 작은 콘서트가 이어지는 저녁 모임을 개최해도 좋을 것이다.

갤러리를 운영하고 있다면 예술 분야의 특별 주제에 대한 강연과 세미나를 제공할 수 있다. 요즘에는 취미로 그림을 그리는 사람들도 많아 저명 예술가와 계약을 하여 정기적으로 워크샵을 열면 호응이 좋을 것이다.

장례식장은 재미와 기쁨을 주는 곳이 아니다. 세상을 떠난 고인을 애도하는 마당에 웃을 일은 별로 없다. 그러나 슬퍼하는 가족들이 함께 모여 고인과 함께 했던 아름답고 밝은 순간들을 떠올리게 하는 프로그램을 주선하는 것은 어떨까? 그것이 불가능하다고 생각하는가? 환영받는 프로그램으로 자리매김하게 될 것이다.

화장품점에서 하는 메이크업 전문가의 화장법 조언이나 피부 타입별 관리 상담은 인기가 많다. 특히 요즘 유행하는 색조 화장과 새로 출시된 향수는 언제나 관심거리다. 메이크업 전문가나 마사지사를 상주시키거나 구매에 상관없이 내점하는 모든 고객의 손톱과 발관리를 해주면 아주 완벽한 서비스가 이루어질 것이다.

꽃가게를 운영하고 있는가? 다양한 행사에 따른 매력적인 테이블 데코레이션 특강을 열고, 꽃다발 만들기나 꽃꽂이 강좌를 열어라. 식물에 대한 흥미로운 지식들을 구비하여 강좌에서 선보이면 고객들은 아주 재미있어 할 것이다.

자동차는 현대 사회에서 가장 애용되는 장난감이자, 필수품이다. 남자들에게만 해당되는 얘기가 아니다. 시험 운행은 고사하고 꿈의 자동차에 한 번 앉아만 볼 수 있어도 고객들은 아주 기분이 좋아진다. 구매한 여성 고객에게 차를 건네면서 깜짝 선물을 해보라. 일단 꽃다발을 트렁크에 안에 넣어두라. 시험 승차 후 차의 다양한 기능에 대한 설명이 이루어진다. 그 때 대화 중 트렁크를 열어 (놀라는) 여자 고객 혹은 구매자의 부인에게 빛나는 미소와 함께 꽃다발을 건네라. 남자 고객에게는 주유상품권이나 자동차용품 같은 것을 선물하면 아주 반응이 좋다.

이렇게 분야에 상관없이 고객들에게 잊지 못할 구매 체험을 선사할 수 있다. 무엇을 팔든지에 상관없이, 색깔과 향기와 조명과 음악은 중요한 역할을 할 것이며, 잠재적인 구매자들에게 좋은 자극이 될 것이다.

또한 아이들의 영향을 무시하지 말라! 아이들은 여러 가지 관점에서 부모의 의견을 좌우한다. 당신이 아이들에게 친절하고 허물없이 대하며, 특별한 기회가 있을 때마다 아이들에게 작은 선물을 해주면 부모들은 빠르게 단골 고객으로 자리매김할 것이다. 그러므로 아이들에게 친절하라!

요즘 많은 부모들은 외식을 할 때면 으레 아이들을 위해 색연필과 스케치북 혹은 장난감을 가지고 다닌다. 아이들이 그런 활동에 몰두하는 동안 여유 있는 시간을 가질 수 있기 때문이다. 외식업체를 운영하고 있다면 그런 도구들을 구비해 놓아라. 부모들이 장난감 챙기는 걸 깜박하고 왔을 때 유용한 도움을 줄 수 있을 것이다.

강아지를 데리고 온 사람들은 애완견에게 물 한 잔을 선사하면 기뻐한다. 비단 여름만이 아니라도 말이다.

가능성은 무한하다.

작은 성공을 축하하라

직원들을 마지막으로 축하하고 격려한 것이 언제인가? 큰 성공만 치하하지 말고, 아주 당연해 보이는 작은 성공도 축하하라.

기업과 경영진은 그들의 직원들이 언제나 성공적이기를 기대한다. 성공이 우리의 삶을 결정한다고 해도 과언이 아니다. 그러나 보통은 커다란 성공만이 언급된다. 우리는 하루, 일주일, 한 달을 보내며 수많은 작은 성공들을 거두지만, 그런 성공들은 보상은커녕 의식되지도 않고 지나가는 경우가 많다.

실천방안

직원들의 많은 작은 성공들을 축하하라. 직원들의 의욕을 북돋우고, 그들의 숨겨진 에너지를 이끌어낼 것이며, 비상하게 할 것이다!

재능을 알아보는 눈을 가져라

자신의 재능을 깨닫는 것은 능력을 발휘하기 위해 매우 중요하다. 탁월한 실력을 선보이는 운동 선수들은 당연히 재능이 있는 운동 분야를 선택한다. 하지만 자신의 체급이나 실력에 맞지 않는 시합이나 훈련에 투입되면 운동 선수라 해도 성공하지 못한다.

경제 분야는 어떤가? 기업의 성공 운운하지 않더라도, 적성에 맞지 않는 일을 하게 되면 일에 대한 즐거움과 의욕이 저하되고, 그런 상태에서 최고의 성과를 내는 것은 절대로 불가능하다.

실천방안

지금의 업무를 통해 당신의 능력이나 소질을 발휘하지 못하고 있다면 상사와 면담하라. 당장에는 아무런 조치가 이루어지지 않는다 해도, 최소한 그것에 대해 이야기했고, 상사가 당신의 적절한 적성을 알고 있다는 사실은 중요하다.

상사를 위해

직원들과 자주 대화의 시간을 가져라. 직원들의 능력을 제대로 파악하지 못하여, 그들을 요소에 최적으로 투입하지 못함으로써 효율적인 업무에 지장을 초래한다면 용서할 수 없는 일이 될 것이다.

재미와 생산성은 별개의 것이 아니다

즐거움, 재미, 유머는 사회적인 초강력 접착제라 할 수 있다. 그 것들은 팀워크를 촉진하고, 유대감을 강화시키고 스트레스를 줄이 는 데 도움이 된다. 그리하여 조직을 이끌어 나가는 리더라면 반드 시 필요한 항목이다.

다음 일화는 미국 트레이닝 잡지의 편집인 롭 필립재크가 소개 한 것으로, 일에서의 즐거움와 재미의 의미를 잘 알려준다.

빌은 회의가 풀리지 않자 팀장에게 밖에 나가 종이비행기 날리 기 대회를 하자고 제안하였다. 그러나 팀장은 말도 안 되는 일이라 생각했고, 오히려 빌에게 정신 나갔냐며 그 제안을 거부했다.

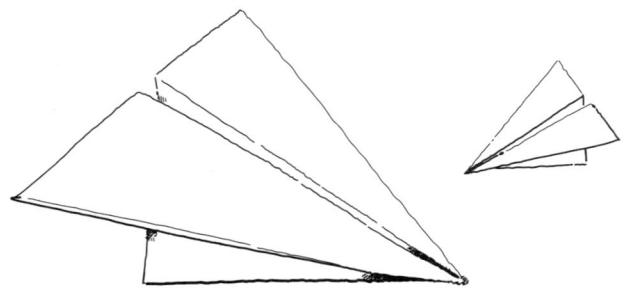

빌은 동료들과 다시 논의한 후 팀장에게 새로운 제안을 했다. 빌이 속한 팀이 금요일 3시까지 그날에 해야 할 일을 150퍼센트 초과 달성하면 종이비행기 날리기 대회를 하게 해달라고, 대신에 딱 한 시간만 하겠다고 말했다. 물론 빌의 팀은 약속한 시간에 목표에 거뜬히 도달했고, 팀장은 그들을 내보낼 수밖에 없었다. 하지만 직원들이 돌아온 후, 팀장은 이렇게 말했다.

"그 시간에 그런 멍청한 대회를 하지 않고 일을 했으면 얼마나 많은 일을 할 수 있었겠어!"

몇 주 후 직원들은 비슷한 제안을 했다. 이번에는 약속 시간까지 업무의 150퍼센트를 달성하면 팀 운영비로 아이스크림을 사먹자고 했다. 이제 팀장은 직원들이 중요하게 생각하는 것이 무엇인지 감을 잡았다. 그들은 재미와 생산성이 별개의 것이 아니라 서로 맞물려 있음을 알고 있었던 것이다.

실천방안

놀아라! 기분 전환이 되는 오락이나 재미있는 활동은 업무 분위기를 대폭 개선시킨다. 그 시간은 의사소통을 원활하게 하는 데 기여하기도 한다. 또한 직원들의 창의성을 대폭 촉진시킬 것이다.

유쾌하게 일에 빠지는 9가지 단계

많은 불행과 위기와 점점 각박해지는 경제 상황 속에서도 우리
는 즐거운 세상을 살아야 한다! 특별한 트레이닝 같은 것은 필요 없
다. 즐겁게 삶으로써 얻을 수 있는 이익은 무한히 크고, 1원의 비용
도 들어가지 않는다.

실천방안

1단계 : 자신에게서 시작하라!

앞으로 더욱 자주 웃겠다고 결심하라. 또한 자신 속에 숨어 있는
유머 센스를 발견하라. 한순간에 이루어지지 않을 수도 있다. 그러나

당신은 내면 깊숙이에서 그것을 발견하게 될 것이다.

2단계 : 주변 사람들에게 더 많은 관심을 가져라!

동료들에게 관심을 가져라. 그들의 관심사는 무엇인가? 그들은 어떤 걱정과 문제를 안고 있는가? 그들이 즐거워하는 활동은 무엇인가? 당신은 동료들과 하루 중 대부분의 시간을 보낸다. 그러므로 이 시간을 유쾌하게 보내기 위해서는 그들을 알아가는 것이 중요하다.

3단계 : 고객의 손을 잡아라!

고객에게 (그리고 고객이 될 사람들에게) 당신이 그들을 위해 모든 것을 할 준비가 되어 있다는 것을 보여줘라. 고객의 전화나 방문을 기뻐하라. 고객이 원하는 것은 관심과 서비스와 특별한 체험이다.

4단계 : 비전을 개발하라!

당신은 어디로 가고자 하는가? 목표는 무엇인가? 동료들과 비전에 대한 이야기를 나눠라. 그리고 솔선수범하여 비전을 실현하라.

5단계 : 동료들을 격려하라!

모범이 되라! 동료들이 재미있게 일할 수 있도록 의욕을 북돋우고, 유쾌하게 일하려는 직원들의 노력을 뒷받침하라.

6단계 : 파워팀을 만들라!

개개인을 뒤죽박죽으로 섞어놓는다고 무조건 팀이 되는 것은 아니다. 팀은 함께 일하고, 서로를 위해 존재하는 것이 즐거운 사람들의 모임이다. 서로 돕고, 걱정해줄수록 팀은 더욱 단합된다.

7단계 : 축하하라!

많은 사람들이 이 일에서 저 일로, 이 프로젝트에서 저 프로젝트로 서둘러 나아가느라 성공을 누리고 축하하는 시간을 가지지 않는다. 자신의 성공을 축하하라. 아주 작은 성공이라도 괜찮다. 다른 사람들의 노력도 인정하고 축하할 시간을 가져라. 그러면 직장 분위기는 더욱 유쾌해질 것이다.

8단계 : 자신을 웃음거리로 삼아라!

늘 그렇게 진지하고 점잖게만 굴지 말고, 자신을 웃음거리로 삼아라! 그럼으로써 당신은 다른 사람들에게 더 매력 있게 다가갈 수 있다. 모든 상황에서 유머를 끌어내는 것을 습관화하고 언제나 웃을 준비를 하라.

9단계 : 유머 감각이 있는 사람이라는 소리를 듣고자 노력하라!

우리가 들을 수 있는 가장 큰 칭찬 중 하나는 유머 감각이 있는 사람이라는 것이다. 당신이 하는 모든 일을 즐거워하라. 위트와 유머를 개발하고 훈련하라. 유머는 당신의 삶을 밝고 풍성하게 할 것이다!

부정적 사고를 버리고
유쾌하게 일에 빠지는 법 60

초판 1쇄 인쇄 2008년 10월 17일
초판 1쇄 발행 2008년 10월 24일

지은이 | 페터 F. 키나우어
옮긴이 | 유영미
펴낸이 | 한 순 이희섭
펴낸곳 | 나무생각
편집 | 정지현 이은주
디자인 | 노은주 임덕란
마케팅 | 나성원 김종문
관리 | 김훈례

출판등록 | 1998년 4월 14일 제13-529호
주소 | 서울특별시 마포구 서교동 475-39 1F
전화 | 02-334-3339, 3308, 3361
팩스 | 02-334-3318
이메일 | tree3339@hanmail.net
홈페이지 | www.namubook.co.kr

ISBN 978-89-5937-158-7 03320